UN GOÛT D'ANGLETERRE

DE LA MÊME AUTEURE :

Le carnet secret de Simon Feximal

DE LA MÊME COLLECTION :

Égotique Romantique, de **Flor Abril**

Jay, de **Renae Kaye**

Dis-moi que c'est réel, de **T.J Klune**

KJ. CHARLES

UN GOÛT D'ANGLETERRE

TRADUIT DE L'ANGLAIS PAR
ALEXIA VAZ

MxM
BOOKMARK

Titre original : Think of England
Traduit de l'anglais par © Alexia VAZ
Suivi éditorial © Lorraine Cocquelin
Correction © Emmanuelle Lefray
Maquette © Alexandre Ascencio
Illustration de la couverture : MxM Créations

ISBN: 9782375743515
Existe aussi en version numérique.

http://www.mxm-bookmark.com/

À la brillante Natalie

Chapitre Un

Octobre 1904

Le trajet en train depuis Londres dura plusieurs heures et fut exténuant du point de vue d'un homme trop nerveux pour dormir et trop préoccupé pour lire. Il aurait préféré conduire, mais cela lui était impossible désormais.

Une voiture, le dernier modèle de chez Austin, l'attendait à la gare. Le chauffeur en uniforme et à l'allure militaire se tenait à côté, mais il s'élança pour aider Curtis quand celui-ci approcha. Mais comme ce dernier réussit à se glisser sur le siège passager, le chauffeur hésita avant de lui proposer des couvertures pour se protéger de la fraîcheur automnale. Son client refusa d'un geste de la main.

— En êtes-vous certain, monsieur ? Lady Armstrong a donné des instructions...

— Je ne suis pas handicapé.

— Non, capitaine Curtis.

Le chauffeur porta la main à son couvre-chef en signe de salut.

— Je ne suis pas non plus un officier.

— Je vous demande pardon, monsieur.

La route jusqu'à Peakholme fut longue. Ils évitèrent les zones industrielles de Newcastle mais Curtis aperçut tout de même l'épaisse fumée noire obscurcissant le ciel déjà sombre. Ils ne parcoururent que quelques kilomètres avant de sortir de la ville et de se retrouver en rase campagne. Les terres cultivables cédèrent la place aux broussailles qui s'élevaient contre les contreforts des Pennines. La voiture se dirigea vers une autre route déserte et sinueuse qui serpentait, lugubre, à flanc de coteau.

— C'est encore loin ? demanda Curtis.

— Nous y sommes presque, monsieur, lui assura le chauffeur. Vous voyez ce point lumineux, là-bas ?

Curtis battit des paupières, l'air froid lui ayant asséché les yeux, et aperçut effectivement de la lumière sur la colline. Il distingua aussi très vite l'ombre noire qui l'entourait.

— C'est plutôt dépouillé pour un manoir, remarqua-t-il.

— Oui, monsieur. Sir Hubert dit toujours que c'est aussi dépouillé aujourd'hui que nous le serons nous-mêmes dans cent ans.

Le conducteur pouffa de rire par fidélité à son employeur. Quant au passager, il fit un pari avec lui-même sur le nombre de fois que Sir Hubert placerait ce jeu d'esprit durant son séjour.

La voiture ronronna à travers les plantations récentes qui, dans un siècle, deviendraient une magnifique forêt entourant Peakholme. L'Austin s'arrêta enfin devant cette grande maison neuve de laquelle s'échappait une lumière d'un jaune brillant. Un domestique attendait dans l'allée pour ouvrir la portière. Curtis étouffa un grognement de douleur lorsqu'il se redressa, son genou le faisant souffrir. Il plia la jambe à plusieurs reprises avant de s'élancer sur les graviers jusqu'aux marches de pierres où un valet lui prit son manteau.

— Mr Curtis ! cria Lady Armstrong.

Elle s'avança dans le hall d'entrée éclairé de mille feux pour le saluer. Sa robe était une merveilleuse création en tissu bleu qui glissait sur ses épaules et faisait ressortir ses cheveux clairs à la perfection. Elle aurait eu l'air fringante à Londres, alors dans cette région isolée…

— Quelle joie de vous avoir ici. Venir jusqu'à nous est comme un pèlerinage, n'est-ce pas ? Je suis tellement contente que vous ayez pu venir.

Elle lui serra les deux mains. C'était sa façon informelle, charmante et personnelle de saluer les invités. Curtis ne lui tendit que la gauche, gardant la droite contre lui. Un éclair d'inquiétude ou de pitié traversa le visage de son hôtesse, mais elle le dissimula immédiatement.

— Merci de vous être joint à nous pour cette petite réception. Hubert !

— Je suis là, ma chère.

Sir Hubert s'était avancé depuis le couloir derrière elle. C'était un homme chauve et corpulent qui avait au moins trente ans de plus que sa femme. Son regard bienveillant était en totale contradiction avec sa réputation professionnelle.

— Tiens donc, Archie Curtis.

Leur poignée de main se révéla comique. La main de Sir Hubert entoura la main de son invité en ne la touchant pratiquement pas.

— C'est un plaisir de vous voir. Comment se porte votre oncle ?

— Il est actuellement en Afrique, monsieur.

— Grand Dieu. Encore ? Ce cher Henry a toujours eu l'envie de voir du pays. Quand nous étions à l'école, il repoussait sans arrêt les limites, vous savez. J'aimerais bien revoir mon vieil ami et son camarade de la Marine de temps en temps. J'imagine qu'ils continuent de vadrouiller ensemble ?

— Comme à leur habitude, monsieur.

À la mort de son frère, Sir Henry Curtis avait dû s'occuper de son neveu orphelin, Archie, alors âgé de deux mois. Son inséparable voisin et ami, le capitaine Good, et lui avaient tous les deux participé à l'éducation de l'enfant, écourtant leurs voyages dans des régions reculées pour être présents dès qu'il revenait du pensionnat pour les vacances d'été. Il avait grandi en pensant que cette camaraderie harmonieuse était dans l'ordre naturel des choses. Il la considérait désormais comme un paradis perdu.

— J'espère que votre séjour ici sera si agréable que vous les encouragerez à venir nous rendre visite. Comment allez-vous, cher ami ? J'étais vraiment désolé d'apprendre pour votre blessure.

Ce n'étaient pas des platitudes. Au contraire, les yeux de Sir Hubert étaient emplis d'inquiétude.

— C'était une sale affaire et une terrible erreur. Cela n'aurait jamais dû vous arriver.

Lady Armstrong les interrompit avec un rire éclatant.

— Mon cher, Mr Curtis vient de faire un long et pénible voyage. Nous dînons dans une heure. Wesley va vous accompagner en haut. Dans l'aile est, Wesley, dit-elle à un domestique bien bâti qui portait une livrée aux couleurs de Peakholme, soit vert foncé.

Curtis suivit cet homme dans le vaste escalier. Il s'appuya légèrement sur la rambarde et admira la maison tout en montant. Sir Hubert, un riche industriel, avait fait construire cette bâtisse avec des demandes précises quinze ans auparavant. À l'époque, elle était considérée comme résolument moderne car équipée des dernières innovations. Elle disposait ainsi de l'eau courante dans toutes les salles de bains, était chauffée par des radiateurs et éclairée grâce à l'électricité fournie par son propre générateur hydroélectrique. Ces petits luxes étaient devenus monnaie courante dans les hôtels londoniens. En revanche, le fait de les trouver dans une propriété privée si isolée était une surprise.

Les couloirs, malgré les ampoules électriques – bien plus fiables et propres que les lampes à gaz, mais tellement plus éblouissantes aussi – qui projetaient leur lumière jaune étincelante, restaient plus conventionnels. Le fils de Sir Hubert était réputé pour être un passionné de chasse. Puisque les couloirs étaient bordés de peintures à l'huile représentant des parties de chasse au renard et de vitrines pleines d'oiseaux empaillés mis en scène, ce devait être un trait de famille. Il y avait par exemple une chouette penchée vers l'avant, les ailes largement déployées, comme si elle s'apprêtait à attraper une souris. Ou encore un faucon, perché sur une branche, prêt à attaquer, ou un aigle qui fixait les invités d'un regard vitreux. Curtis les nota comme point de repère dans une maison où il n'était pas facile de s'y retrouver.

— La disposition des pièces est plutôt inhabituelle, dit-il au valet.

— Oui, monsieur, répondit Wesley. La maison a été conçue pour que le couloir de services longe toutes les chambres. Cela facilite le câblage électrique et le chauffage central.

Il utilisait le vocabulaire technique avec fierté.

— C'est merveilleux, l'électricité. Connaissez-vous toutes ses applications, monsieur ? demanda-t-il plein d'espoir en ouvrant une porte au bout du couloir.

— Je vous en prie, faites-moi la démonstration.

Curtis était un homme pragmatique et connaissait bien l'électricité mais cette visite du manoir semblait être le point d'orgue de la journée de Wesley. Il le laissa donc lui montrer les boutons miraculeux qui servaient à appeler les domestiques, ceux qui allumaient la lumière ou encore ceux qui déclenchaient un ventilateur au plafond. En prenant en compte la fraîcheur d'octobre et le fait que la maison fût au nord de l'Angleterre, Curtis doutait d'avoir à utiliser ce dernier.

Un miroir entouré d'un cadre doré était accroché sur le mur opposé au lit. Curtis y jeta un coup d'œil et jaugea son apparence après ce voyage éreintant, avant de croiser le regard de Wesley dans le miroir.

— Si je puis me permettre, je vous souhaite la bien-venue à Peakholme, monsieur, dit-il en continuant de fixer son reflet et sans jamais baisser le regard. Si je peux faire quoi que ce soit pour vous durant votre séjour, n'hésitez pas à sonner. Vous n'avez pas de domestique personnel, il me semble ?

— Non, répondit Curtis en se détournant du miroir.

— Puis-je d'ores et déjà vous être d'une quelconque utilité, monsieur ?

— Non, merci. Vous pourrez défaire mes bagages plus tard. Sinon, je sonnerai si j'ai besoin de votre aide.

— Je l'espère, monsieur.

Wesley accepta le shilling que lui donna ce nouvel hôte mais s'attarda quelques instants, hésitant.

— Si je peux faire quoi que ce soit d'autre...

Curtis se demandait ce qui le retenait. Le pourboire avait été assez généreux.

— Ce sera tout pour l'instant.

— Bien, monsieur Curtis.

L'employé de maison quitta la chambre et Curtis s'assit enfin lourdement sur le lit. Il s'accorda un moment avant de se changer et de se préparer à faire face aux autres invités.

Il ne savait pas s'il en était capable. À quoi jouait-il en venant ici ? Que pensait-il pouvoir faire ?

Avant, il appréciait les soirées entre amis. À l'époque, elles étaient de rares oasis de divertissement et de détente entre deux affectations militaires. Depuis qu'il avait pris sa retraite de combattant, un an et demi auparavant, il s'était rendu à trois réceptions, amadoué par tous ces gens qui lui disaient de sortir de sa coquille, de rejoindre la bonne société et de se comporter comme un bon concitoyen. Chaque visite lui avait semblé plus fastidieuse que la précédente et les activités à chaque fois plus vaines, typiques de cette complaisance fiévreuse qui envahissait les gens dont la vie n'avait aucune autre finalité que la poursuite de leur plaisir personnel.

Au moins, il était venu à cette fête avec une sorte de but, même si, à présent, ce dernier lui paraissait aussi improbable qu'absurde.

Il enleva le gant de cuir noir qui recouvrait sa main droite avant de plier le pouce et l'index. Une cicatrice douloureuse recouvrait ses articulations, là où auraient dû se trouver les trois autres doigts. Il la frotta avec une pommade pendant quelques minutes en pensant au travail qui l'attendait puis remit le tissu dissimulant sa chair mutilée et flétrie. Il commença ensuite à se préparer pour le dîner.

Ce n'était pas une tâche trop ardue, mais il aurait tout de même dû demander à Wesley de rester. Il avait eu dix-huit mois pour s'entraîner à attacher ses boutons avec quelques doigts. Enfiler ses vêtements en toute autonomie ne lui prenait que trois fois plus de temps que lorsqu'il il était un homme valide.

Il ajusta son gilet et arrangea le col à sa convenance. Il appliqua un baume léger pour discipliner ses cheveux blonds qui avaient une fâcheuse tendance à onduler, et le voilà fin prêt.

Il étudia son reflet dans le miroir. Il était habillé comme un gentleman. Bien que sa peau fût bronzée par le soleil africain, il ressemblait toujours à un soldat. Il n'avait pas l'air d'un espion, d'un mouchard ou d'un menteur. Malheureusement, il n'avait pas non plus le sentiment d'en être un.

Il fut le dernier à arriver dans le salon. Lady Armstrong frappa des mains pour attirer l'attention de ses hôtes.

— Chers amis, voici notre dernier invité : Mr Archie Curtis, le neveu de Sir Henry. Vous savez, l'explorateur.

Il y eut des murmures. Curtis sourit, résigné. Toute sa vie on l'avait présenté comme tel. Le voyage risqué que son oncle avait effectué plus de vingt-cinq ans auparavant en Afrique continuait de fasciner le public.

— Je vais maintenant vous présenter tous nos invités, poursuivit-elle. Voici Miss Carruth et Miss Merton.

La première était une jeune femme d'une vingtaine d'années, jolie et pleine de vie, habillée avec élégance. Ses yeux, de la couleur brun clair propre aux pensées, pétillaient. Miss Merton, qui semblait être sa dame de compagnie, était légèrement plus âgée et vêtue d'une manière plus stricte. Elle le regardait avec davantage de circonspection, mais murmura tout de même les politesses de rigueur.

— Mr Kreston Grayling et Mrs Grayling, qui nous viennent de Hull.

De riches provinciaux, pensa Curtis tandis que le couple le saluait d'un sourire. L'homme avait l'air d'un type niais, qui avait revêtu de riches atours mais avait omis les derniers petits détails, et arborait un double menton. Mrs Grayling portait une robe trop moulante et trop courte au goût de Curtis. Il se demanda si elle était le genre de dame à aimer les petites amours clandestines qui se déroulaient habituellement dans les manoirs.

— Mon frère, John Lambdon, et sa femme.

Dans ce couple, c'était l'homme qui semblait fréquenter plusieurs couches. Il possédait la beauté saisissante de sa sœur et était bien bâti, sans être pour autant aussi large que Curtis. Mrs Lambdon, à ses côtés, n'était qu'une présence insignifiante. Elle avait les cheveux raides et ternes, la poigne molle et l'air d'une femme passée professionnelle dans l'art d'avoir mal à la tête.

— Le fils d'Hubert, James.

Curtis savait que cet homme était le fruit du premier mariage de Sir Hubert. Il s'approchait de la trentaine et ne devait pas avoir plus de cinq ans de moins que l'actuelle Lady Armstrong. Son visage joufflu et expressif, enjoué en cet instant, était marqué par l'abus d'activités en plein air et n'arborait aucun signe d'intelligence.

— C'est un plaisir de vous rencontrer, Curtis, dit James Armstrong en sortant une main de sa poche.

Curtis tendit la sienne et grimaça lorsque le jeune homme la saisit d'une poigne ferme en broyant le tissu cicatriciel.

— Chéri, je t'avais prévenu, dit Lady Armstrong d'une voix cassante.

— Oh, je suis navré, mère, répliqua-t-il en la gratifiant

d'un sourire désolé avant de se tourner vers Curtis. Cela m'était complètement sorti de la tête.

— Mr Peter Holt, un ami proche de James, continua-t-elle.

L'homme qu'elle venait de lui montrer était un homme remarquable. Il avait la même taille et la même carrure que Curtis, soit un bon mètre quatre-vingt-dix, et possédait en outre des épaules puissantes, un nez cassé plus d'une fois et un petit air de boxeur. Ses yeux noisette, brillants et observateurs, suggéraient aussi bien l'intelligence que la force. Sa poignée de main fut ferme sans pour autant être douloureuse. Cet homme savait utiliser ses muscles.

Impressionnant, pensa Curtis avant de froncer les sourcils et de chercher dans sa mémoire.

— Étiez-vous à Oxford ?

Holt sourit, apparemment ravi qu'il le reconnaisse.

— À Keble[1]. Deux promotions après la vôtre.

— Mr Holt a également été champion de boxe universitaire, ajouta Lady Armstrong.

— Bien sûr. Nous avons dû nous croiser à… Fenton ?

— Sur Broad Street, oui. Mais je ne vous arrivais pas à la cheville, cependant, dit Holt avec une honnêteté enjouée. J'ai assisté à votre combat contre Gilliam. C'était superbe.

Curtis sourit avec nostalgie.

— Le plus difficile de ma vie.

— Vous parlerez de boxe autant que vous le voudrez une fois que j'aurai terminé les présentations, intervint Lady Armstrong. Mr Curtis, je vous présente Mr Da Silva.

Curtis se tourna vers le gentleman en question et se dit immédiatement qu'il avait rarement vu une personne aussi détestable.

Il était environ du même âge que lui et à peine plus petit – il devait s'approcher du mètre quatre-vingt-cinq – mais n'avait rien de la corpulence de Curtis. Da Silva était mince, élancé et très sombre, entre ses cheveux noirs lisses et

1 Keble est un collège de l'université d'Oxford créé en hommage à John Keble (*toutes les notes sont de la traductrice*).

soyeux qui luisaient grâce à toute la brillantine qu'il y avait mise, et ses yeux si foncés qu'on distinguait difficilement la pupille de l'iris. Sa peau avait une teinte olivâtre sous sa chemise blanche. En fait, on devinait aisément qu'il était étranger.

Un étranger et un dandy, à en juger par sa chemise impeccable, sa queue-de-pie et son pantalon fuseau parfaitement taillés. Il portait une bague surmontée d'un énorme cristal vert et Curtis remarqua avec horreur une fleur d'un vert brillant dans sa boutonnière.

Da Silva fit quelques pas pour se rapprocher, lui donnant juste le temps de comprendre qu'il avait fait un genre de mouvement sinueux, puis lui tendit une main si molle que Curtis lutta pour ne pas la laisser tomber comme s'il avait affaire à un animal mort.

— Enchanté, dit l'étranger d'une voix traînante.

Curtis constata avec étonnement que son accent était celui d'un Anglais de naissance.

— Quel plaisir de rencontrer un gentleman soldat et un boxeur. J'aime passer du temps avec nos braves combattants, dit-il en souriant.

Puis il s'éloigna en roulant des hanches et prit Lady Armstrong par le bras tandis que de petits groupes se formaient dans le salon.

— Eh bien. Qui est ce type ? demanda doucement Curtis.

— Un affreux métèque, répondit James à haute voix. Je ne comprends pas comment Sophie peut le tolérer.

— Oh, il est terriblement amusant et très intelligent, dit alors une femme qui leur sourit. Au cas où vous n'auriez pas retenu tous les noms, je suis Fenella Carruth. Comment connaissez-vous les Armstrong ? Grâce à votre oncle ? Ce doit être un homme formidable.

Ils discutèrent de Sir Henry et du père de la jeune femme, un industriel qui avait créé la centrale téléphonique de Peakholme, puis vint l'heure du dîner. Curtis se retrouva assis entre Miss Carruth et la lugubre Mrs Lambdon. Quant à Holt, son ancien camarade d'Oxford, il était assis de l'autre côté de Miss Carruth. Cette dernière était pétillante et enchaînait les réparties spirituelles et osées sans jamais dépasser les limites. Holt lui retournait quelques commentaires empreints de séduction. Ses intentions envers elle étaient claires. Les réponses de l'intéressée le flattaient suffisamment mais incitaient clairement Curtis et James Armstrong, assis en face, à lutter pour attirer son attention. Visiblement, elle aimait avoir un tas de prétendants.

Curtis ne put se forcer à jouer le jeu. Il imaginait son oncle Maurice grognant désespérément sur son manque d'enthousiasme. Miss Carruth était jolie, sympathique, riche et jeune. Exactement le genre de femme qu'il devrait rechercher maintenant qu'il pouvait se mettre en ménage. Mais il n'avait aucune envie de prendre la place des deux autres soupirants et même si c'était le cas, il n'aurait pas pu le faire puisqu'il n'avait jamais été doté d'un quelconque pouvoir de séduction. Le badinage lui était également inconnu et il ne comprenait pas comment les gens pouvaient sortir des répliques intelligentes si rapidement. Il s'en sortit avec quelques réponses appropriées, pour sauver les apparences, mais il était davantage concentré sur la tâche éreintante consistant à manipuler les couverts avec sa main blessée, et à observer les invités.

Les hôtes semblaient dans leur élément dans ce manoir. Les Grayling et les Lambdon étaient des couples quelconques. Les deux femmes célibataires étaient plaisantes. James Armstrong et Peter Holt étaient des citadins typiques. James était plus riche et Holt, plus intelligent. Da Silva se démarquait par ce côté « Bloomsbury[2] » qui se développait en ce moment dans la société et qui semblait décadent, artistique, moderne et déconcertant pour un homme à l'âme victorienne comme Curtis. La raison pour laquelle

---

2   L'adjectif Bloomsbury se rapporte à un groupe d'artistes créé au début du vingtième siècle et qui était associé au quartier londonien qui porte le même nom.

Lady Armstrong avait invité cet homme était pourtant claire. Il avait une répartie incroyable et ses remarques acerbes et pleines d'esprit firent éclater de rire tous les invités à plusieurs reprises pendant le dîner. Curtis ne l'en apprécia pas plus pour autant. Durant ses trois années à Oxford, il avait évité ce genre de personnes désagréables avec leurs répliques vicieuses et leurs sourires entendus. Mais il devait tout de même admettre que cet homme était amusant. Seuls les gloussements de Holt semblaient forcés. Il craignait peut-être que le charisme de Da Silva éclipsât son propre talent pour la conversation face à Miss Carruth. Curtis pensait qu'il n'avait pas à s'inquiéter pour ce potentiel rival.

Aucune personne de l'âge de Sir Hubert n'était présente. Sa femme n'avait invité que des gens de sa propre génération. Son mari se sentait peut-être plus jeune en leur compagnie mais c'était difficile à dire puisqu'il ne faisait que quelques remarques par-ci, par-là. Mais il adressait un sourire agréable à ses hôtes et les conversations se déroulèrent sans accrocs jusqu'à ce que les femmes quittent la table et que les hommes demandent un petit digestif.

— Curtis ? l'interpella Grayling en lui passant la carafe. Si j'ai bien compris, vous avez fait la guerre ?

— En effet.

— Vous avez été blessé ? demanda Lambdon en montrant sa main.

Curtis hocha la tête.

— À Jacobsdal[3].

— Pendant une bataille ? ajouta Grayling.

Il était légèrement ivre et essayait de le cacher en tentant de poser des questions intelligentes.

— Non. Pas pendant une bataille.

Curtis se servit un autre verre de ce vin portugais en

---

3   Ville d'Afrique du Sud. On parle ici de la seconde guerre des Boers, également appelée guerre d'Afrique du Sud, qui opposa les Britanniques aux habitants des États boers indépendants, plus tard plus connus sous le nom d'Afrikaners.

enroulant son index et son pouce en haut de la carafe et en utilisant sa main gauche pour supporter le poids.

— Ah oui, c'est vrai. C'est à cause d'un sabotage, n'est-ce pas ?

— Il n'y a jamais eu de preuves.

Le ton de Sir Hubert indiquait qu'il pouvait mettre fin à cette conversation.

Curtis ignora cette dernière remarque. Il détestait en parler, il détestait y penser, mais il était là pour cela et une autre occasion ne se représenterait peut-être pas de sitôt. Pas si Sir Hubert refusait aussi délibérément d'en parler.

— Ma compagnie était à Jacobsdal. Nous attendions des renforts lorsque nous avons reçu toute une cargaison de matériel indispensable.

— Les ravitaillements étaient affreux pendant la guerre, dit Lambdon avec tout le sérieux d'un homme qui avait lu les journaux.

— Nous espérions avoir des chaussures mais au lieu de ça nous avons reçu toute une caisse d'armes. De nouveaux modèles. Des Lafayette. Ils étaient les bienvenus, bien évidemment. Nous avions quelques jours devant nous et énormément de munitions. Nous avons donc pensé qu'il serait mieux de nous entraîner à les utiliser. Nous nous sommes partagé les armes et nous sommes séparés pour les essayer.

Il s'arrêta et but une gorgée de porto pour cacher le fait qu'il avait la gorge nouée. Même des mois plus tard, ces mots faisaient revenir cette odeur. Ce relent de terre chaude africaine, d'explosif et de sang.

— Les pistolets étaient défectueux, conclut Sir Hubert qui voulait vraiment en finir avec cette histoire.

— Ce n'est pas le mot que j'utiliserais, monsieur. Ils nous ont explosé dans les mains, sur tout le terrain.

Curtis souleva légèrement son gant droit avant de reprendre :

— J'ai perdu trois doigts quand le chargeur de mon revolver a explosé. L'homme à côté de moi…

Lieutenant Fisher. Cet Écossais roux si bon vivant et si chaleureux, qui avait partagé sa tente pendant deux ans, était tombé sur les genoux, la bouche ouverte, confus, alors que le sang giclait de son poignet béant. Il était mort là, alors que Curtis essayait de le rejoindre en maintenant sa propre main endommagée. Mais il n'était jamais parvenu à atteindre son ami.

Il ne pouvait pas parler de cela.

— Ce fut une terrible affaire. Ma compagnie a perdu autant d'hommes pendant ces deux minutes d'entraînement au tir qu'en six mois de guerre.

Sept morts sur place. Six morts à l'hôpital du camp. Deux suicides, un peu plus tard. Trois hommes aveugles. Des mutilations et des amputations.

— Toute la caisse d'armes était meurtrière.

— *Inconvenablement* meurtrière, murmura Da Silva.

— Y a-t-il eu des preuves contre la compagnie Lafayette, Hubert ? demanda Lambdon.

— L'enquête n'a pas été concluante.

Le visage de Sir Hubert, resté sérieux pendant le récit de Curtis, n'avait rien montré d'autre que de la désapprobation.

— Le procédé de fabrication fut mis en cause, bien sûr. Les parois des canons étaient trop faibles. Mais rien n'indique que cet événement puisse être autre chose qu'un accident. Personnellement, je n'ai jamais pensé que ce puisse être autre chose. Lafayette est fou d'économies. Tous ceux qui sont sur le marché le savent. Il faut toujours chercher un moyen de récupérer un centime de plus pour chaque livre dépensée. Nul besoin donc de chercher plus loin, il a dû chercher à réduire un petit peu trop les coûts de fabrication.

James Armstrong lui lança un regard entendu.

— Mais vous n'aimiez pas ses opinions politiques,

n'est-ce pas, père ? Je pensais que vous aviez dit qu'il ne soutenait pas la guerre.

Sir Hubert fronça les sourcils en direction de son fils.

— Aucune preuve n'a jamais été trouvée contre lui et il est maintenant mort.

— Mort ? Que lui est-il arrivé ? demanda Grayling.

— Il a été retrouvé, flottant dans la Tamise, il y a deux ou trois semaines, répondit Sir Hubert d'une voix grave. Il a sûrement glissé et est tombé à l'eau.

James se montra sceptique.

— Nous savons tous ce que cela veut dire. Il se sentait coupable, si vous voulez mon avis.

— Ça suffit, se renfrogna Sir Hubert. John, avez-vous assisté à la dernière course à Goodwood ?

Lambdon répondit, et la conversation dévia vers le sport. La plupart des invités se lancèrent alors dans des discussions sur leurs activités préférées. Holt et Curtis partagèrent quelques connaissances sur la boxe. Parler d'un sujet familier aida ce dernier à se détendre et lui fit oublier ses souvenirs récents. Les autres débattaient sur le tir et le cricket. Da Silva ne se joignit à aucune conversation. Il restait assis là avec un faible sourire distrait qui n'indiquait qu'un ennui poli et il sirotait ce délicieux vin portugais en donnant l'impression qu'il aurait préféré que ce soit de l'absinthe.

Quelle foutue tapette, pensa Curtis.

Cette soirée se révéla à la hauteur de toutes les normes sociales mais ne fut en aucun cas fructueuse. Alors qu'il luttait avec les boutons de sa chemise, Curtis dut admettre face à son reflet dans le miroir qu'il ne savait pas comment faire en sorte que cela change.

Chapitre Deux

Le lendemain matin, le ciel d'octobre était d'un bleu magnifique et le soleil dardait ses rayons de lumière jaune sur les collines et les pics avoisinants. Lady Armstrong, elle, avait des projets pour ses invités.

— Mes chers amis, je vous propose une promenade dans les collines suivie d'un pique-nique, dit-elle en frappant des mains. Changeons d'air ! Nous avons plein de chaussures de randonnée de toutes les tailles.

Elle réussit à convaincre l'ensemble des hôtes avant de se heurter à deux personnes inébranlables.

Le premier était Curtis.

— Cette idée me semble merveilleuse mais je ne veux pas courir ce risque. J'ai pris une balle dans le genou à Jacobsdal.

Un de ses camarades avait paniqué et Curtis s'était pris une balle perdue alors même qu'il examinait sa main en lambeaux.

— Je me sens mieux maintenant mais le terrain est accidenté et semé d'embûches. De plus, le voyage en train m'a épuisé. Je devrais me reposer aujourd'hui si je veux profiter du reste de la semaine.

— Oh, mais nous pourrions mettre une voiture à votre disposition. Ou un cheval ?

— Ne vous embêtez pas pour moi. J'ai beaucoup de lectures en retard.

Curtis parla d'un ton qu'il voulut le plus ferme possible en espérant qu'elle ne discute pas.

— Je vais tenir compagnie à Mr Curtis, dit une voix mielleuse par-dessus son épaule.

Curtis réprima une grimace et Lady Armstrong fronça les sourcils.

— Non, vraiment, Mr Da Silva, vous avez besoin de prendre l'air et de faire de l'exercice.

— Très chère, ma nature même m'empêcherait de survivre à ceci. Rien qu'inhaler l'air de la campagne me demande plus d'efforts que je ne peux en supporter. Tout cet air frais et sain est trop mauvais pour l'âme.

Da Silva frissonna d'un air mélodramatique et Miss Carruth pouffa de rire.

— Non, je dois m'appliquer à mes tâches personnelles. Je dois travailler.

— Sur quoi ?

Curtis s'était senti obligé de le demander.

— L'art poétique.

Da Silva était resplendissant dans sa veste en velours vert ce matin-là. Curtis ne put s'empêcher de remarquer qu'il portait également un pantalon coupé bien trop près du corps pour être décent. Le tissu moulait ce corps qui était, certes, bien bâti, mais un peu trop voyant. Bon Dieu, cet homme ne pouvait pas montrer plus clairement ses goûts.

— L'art poétique ? répéta Curtis.

Il vit Holt secouer la tête d'un air faussement désespéré.

— J'ai l'honneur d'éditer le dernier volume des œuvres d'Edward Levy.

Da Silva fit une pause pour inciter son interlocuteur à répondre mais ce dernier lui lança un regard vide. Il leva alors ses yeux noirs au ciel.

— Le Fragmentaliste. Le *poète*. Vous ne connaissez pas ? Bien sûr que non. Le génie est rarement reconnu. Et vous préférez sûrement enrichir votre jardin intellectuel avec Kipling et ses *Barrack-room ballads*[4], qui paraissent plus adaptés aux goûts d'un homme d'action. Ils « riment parfaitement », me dit-on souvent.

Il fit un geste gracieux de la main en direction de Sophie puis s'éloigna, laissant Curtis les yeux et la bouche grande ouverte.

— Espèce de… dit-il avant de s'interrompre.

— Fichue tapette métèque, termina James Armstrong. Il avait formulé cela avec plus de précision que de bonnes manières.

— Je ne supporte pas cet homme. Sérieusement, Sophie. Pourquoi avez-vous invité…

— Il est lui-même poète, vous savez. Il est tellement intelligent et moderne.

— Et il est incroyablement beau aussi, ajouta Fenella Carruth en lançant un regard discret à sa dame de compagnie. Ne trouvez-vous pas, Pat ?

— Il ne faut pas se fier aux apparences, répondit sévèrement Miss Merton. Il est bien trop tapageur, si vous voulez mon avis.

Après un petit déjeuner bien copieux, la petite troupe de randonneurs s'en alla en laissant Curtis et Da Silva seuls dans le manoir. Le second annonça son intention de se rendre à la bibliothèque pour communier avec sa muse. Quant à Curtis, se sentant désolé pour cette muse, déclara qu'il préférait explorer la maison afin de se familiariser avec ses particularités.

Il avait effectivement prévu d'inspecter la propriété mais pas pour chercher les équipements dernier cri.

La porte du bureau de Sir Hubert était ouverte. Curtis se glissa à l'intérieur et tourna la clé pour s'enfermer. Il avait le cœur battant et la bouche sèche.

Ce n'était pas son genre. Il n'était pas un espion, bon sang ! Il était un soldat.

4   Recueil de poèmes écrit par Rudyard Kipling. Il y parle notamment de l'armée britannique.

Ou plutôt, il l'avait été jusqu'à ce que des armes explosent à Jacobsdal.

Il s'avança jusqu'au secrétaire et faillit abandonner sa mission quand il remarqua ce qui était posé dessus : dans un cadre argenté se trouvait la photo d'un jeune homme souriant qui portait l'uniforme de lieutenant britannique. Il reconnut cet officier d'après le tableau en taille réelle accroché au mur du salon, à côté du superbe portrait de l'actuelle Lady Armstrong réalisé par John Singer Sargent. Il s'agissait donc du fils aîné de Sir Hubert, Martin, mort sur les terres asséchées du Soudan.

Un homme qui avait perdu un fils à la guerre n'aurait certainement pas pu trahir les soldats britanniques. Certainement.

Un autre portrait de feu cet homme était accroché en face du bureau de Sir Hubert et adressait à Curtis un sourire songeur. Il était exposé entre une simple aquarelle représentant une jeune femme, sûrement la première épouse d'Armstrong, et un croquis au pastel de Sophie, l'actuelle Lady Armstrong. Il n'y avait pas la moindre peinture représentant James.

Curtis se força à bouger. Les tiroirs du bureau étaient tous fermés à clé mais les meubles de rangement ne l'étaient pas. Il feuilleta les dossiers et répertoires avec les doigts de sa main gauche tout en se demandant à quoi il jouait exactement.

Sir Hubert s'était énormément enrichi après la faillite de l'usine d'armement de Lafayette qui avait suivi le drame de Jacobsdal, mais cela ne prouvait rien. Il était fabricant d'armes, après tout, et il y avait eu la guerre. Il fallait bien que les affaires reprennent quelque part. Il était tout aussi évident que Mr Lafayette avait cherché à reporter la faute sur une autre usine que la sienne et le poids des morts sur d'autres épaules. Il était venu dans le salon de Sir Henry Curtis, mal rasé, amaigri et désespéré. Il délirait en parlant de sabotages, de complots, de trahisons et de meurtres, puis son corps avait été sorti de la Tamise deux semaines plus tard. Tout ce qu'il avait dit pouvait être mis sur le compte de la culpabilité et de la folie.

Mais s'il y avait la moindre chance que Lafayette eût dit la vérité, Curtis ne pouvait pas l'ignorer. Il devait aller jusqu'au bout, même s'il ne savait pas réellement ce qu'il était en train de faire ni ce qu'il recherchait. Le visage rouge de honte, il continuait à fouiller dans les affaires personnelles de son hôte.

Il resta aussi longtemps que son courage le lui permit. Il faisait attention aux bruits dans les couloirs et aux domestiques qui passaient par là. Ce fut avec un immense soulagement qu'il atteignit les derniers espaces du meuble de rangement. Il n'avait trouvé aucune preuve incriminante, juste des factures et des lettres, soit les affaires courantes pour un homme riche.

Il fit le tour de la pièce à la recherche des clés du secrétaire mais revint bredouille. Sir Hubert les gardait sûrement sur son trousseau personnel. Curtis se demanda alors comment il allait pouvoir se les procurer.

À moins de forcer les tiroirs comme un vulgaire voleur, il n'avait plus rien à faire ici. Il vérifia qu'il n'avait laissé aucune trace de son passage et s'avança vers la porte. Il tendit l'oreille en quête de bruit de pas. Tout était silencieux. Il tourna la clé dans la serrure, se glissa hors de la pièce tout en jetant un coup d'œil par-dessus son épaule et il rentra dans quelqu'un.

— Doux Jésus ! glapit-il.

— J'ai bien peur qu'il y ait erreur sur la personne, dit une voix mielleuse.

Curtis se rendit alors compte qu'il avait heurté Da Silva.

— Nous sommes tous les deux juifs, mais la ressemblance s'arrête ici.

Curtis recula et se cogna dans l'embrasure de la porte. Da Silva ne faisait que peu d'efforts pour dissimuler son amusement et il s'écarta du chemin dans un élan calculé de courtoisie.

— Vous étiez en train de travailler, n'est-ce pas ? s'enquit-il en regardant dans le bureau du propriétaire.

— Comment se porte votre muse ? rétorqua Curtis en s'éloignant d'un pas raide, le visage en feu.

Mon Dieu, c'était très embarrassant. Quelle satanée malchance. Au moins, il n'avait été repéré que par ce fichu Levantin. Da Silva ne verrait rien d'étrange à ce qu'il explore le bureau de leur hôte.

Cette idée, bien qu'improbable, le rassura. Même le roturier le plus mal élevé se demanderait à quoi il jouait. La question était donc : est-ce que cet homme en parlerait à qui que ce soit ? Curtis devrait trouver quelques explications, juste au cas où.

Il retourna dans sa chambre en maudissant Da Silva et en se demandant ce qu'il allait faire ensuite. Il se dit qu'un véritable espion se faufilerait dans les chambres des Armstrong, mais cette perspective le révulsait. Il devrait regarder ailleurs.

Il lui fallut quelques minutes pour retrouver son calme. Il se rendit ensuite dans la bibliothèque après avoir jeté un coup d'œil pour vérifier qu'elle était bien vide. La pièce était spacieuse, lambrissée comme dans les maisons anciennes, et plutôt sombre. Sur les étagères supérieures étaient alignées des rangées de livres à reliure de cuir. Les tranches se ressemblaient. Il s'agissait sûrement des ouvrages de référence et d'études académiques illisibles que les gens riches achetaient pour remplir leurs bibliothèques. Quant aux rayonnages inférieurs, qui restaient accessibles, ils présentaient les œuvres complètes de Dickens et de Trollope ainsi que les derniers romans écrits par des intellectuels et beaucoup de fictions sensationnelles et de piètre qualité. Il n'y avait ici qu'un seul tableau, le portrait d'un garçon de neuf ans qui tenait un bébé. Curtis supposa qu'il s'agissait de Martin et James. Si c'était le cas, alors il voyait pour la première fois une représentation du fils cadet. Il se demanda alors si cet homme détestait autant que lui poser pour les peintres.

En plus des étagères et des fauteuils de lecture confortables, il y avait quelques tables surmontées de lampes électriques massives ainsi qu'un bureau. Il en inspecta les tiroirs mais n'y trouva rien d'autre que du papier à lettre vierge et du matériel d'écriture.

Il regarda autour de lui et remarqua une porte discrète au fond de la pièce. Elle était bien cachée dans le lambris, au milieu du mur. Après un petit passage en revue mental de la disposition des pièces du manoir, il se dit qu'elle menait sûrement à une antichambre plutôt qu'à un passage secret. Se pouvait-il que ce soit un bureau privé ? Il essaya de tourner la poignée mais la porte était verrouillée.

— Mais qu'est-ce que vous êtes curieux, murmura-t-on dans son oreille.

Curtis sauta quasiment au plafond.

— Bon Dieu.

Il se retourna pour faire face à Da Silva qui se tenait juste derrière lui. Cet homme devait se déplacer aussi discrètement qu'un chat.

— Cela vous dérangerait-il de ne pas fouiner dans mon dos ?

— Oh, alors c'est *moi* qui fouine ? Je n'en savais rien.

C'était bien envoyé. Curtis serra les dents.

— Cette maison est fascinante, répondit-il.

Il regardait le rictus amusé de Da Silva avec une colère impuissante.

— C'est un lieu de stockage, répliqua son interlocuteur en faisant un signe de tête vers la porte. Sir Hubert conserve ici ses documents les plus confidentiels. La pièce est verrouillée.

— Pratique, marmonna Curtis.

Il fut soulagé d'entendre la sonnerie annonçant le déjeuner.

Son soulagement se transforma en désarroi au moment où il comprit qu'il allait devoir manger avec Da Silva. À ce rythme-là, l'autre homme allait lui tourner autour toute la journée.

— J'espère que vous avez travaillé comme vous le souhaitiez, dit-il en essayant de maintenir un semblant de courtoisie alors qu'ils s'asseyaient de part et d'autre d'une table richement garnie.

— Plutôt, oui, je vous remercie, répondit Da Silva en étalant délicatement du beurre sur un petit pain. Et en ce qui vous concerne ?

La respiration de Curtis s'accéléra après cette petite pique.

— J'ai simplement flâné. J'ai fait un petit tour du manoir. C'est une maison remarquable.

— N'est-ce pas ? répliqua Da Silva en le regardant, le visage impassible.

Curtis dut faire un effort pour ne pas se dérober à cette conversation.

Il attrapa le plat le plus proche puis le tendit à son compagnon de table dans l'espoir de changer de sujet.

— Du jambon ?

— Non, merci.

— Il est très bon.

Da Silva cligna des yeux lentement, comme un lézard, avant de répondre :

— Je n'en doute pas. Mais j'ai bien peur de ne pas m'être converti depuis notre dernière discussion.

— Conver… Oh. Je vous demande pardon, j'avais oublié que vous étiez juif.

— Comme c'est original. Si peu de gens oublient ce détail.

Curtis ne savait pas vraiment comment interpréter cette remarque et cela n'avait que très peu d'importance. Son oncle Henry était un fervent catholique mais il avait beaucoup voyagé. L'un des principes les plus importants de son éducation avait été de ne jamais se montrer irrespectueux envers la croyance de quelqu'un d'autre. La plupart de ses pairs ne voyaient pas les choses de cette façon. Curtis ne voulait pas se montrer conciliant envers ce fichu dandy mais un principe était un principe.

— Je vous demande pardon, répéta-t-il. Je ne voulais pas vous offenser. Que pensez-vous d'un peu de bœuf ?

Il leva le plat, l'air désolé, et vit dans les yeux de Da Silva une lueur amusée.

— Le bœuf est acceptable, merci, dit-il en acceptant le plat d'un ton empreint de gravité. Je ne suis pas offensé par le jambon, vous savez. C'est juste que je n'en mange pas. La seule viande qui m'offense, c'est le rognon, et seulement pour des raisons esthétiques.

C'était exactement le genre de réflexion efféminée que Curtis attendait de sa part. Bien plus que le regard intense que Da Silva avait posé sur lui ou la série de petites piques qu'il lui avait adressées. Qu'il soit damné, il ne savait que penser de l'un comme de l'autre.

— Alors… Vous êtes un homme pieux ? essaya-t-il.

— Non, je ne pourrais pas prétendre en être un. Je ne suis pas vraiment pratiquant.

Da Silva lui lança soudainement un sourire félin.

— Je veux dire que je ne pratique pas ma religion. Mais dans un contexte plus général, j'ai une bonne pratique.

Curtis était certain qu'il s'agissait d'une nouvelle pique mais Da Silva en resta là et reporta son attention sur son assiette. Curtis avait ainsi enfin l'occasion de l'observer. C'était un homme assez beau, enfin, si l'on aimait ce genre de personnes avec des yeux noirs profonds, une bouche charnue et bien formée, des pommettes hautes et des sourcils noirs à la courbe presque trop élégante. Curtis se demanda si son vis-à-vis avait fait quelque chose pour les redessiner, puis conclut que c'était forcément le cas. Il avait vu ce type d'hommes à Londres, dans certains clubs. Ils avaient les sourcils épilés, le visage poudré, les joues fardées et papotaient de façon maniérée. Da Silva faisait-il la même chose quand il passait du temps avec d'autres hommes ?

Ce dernier toussota et Curtis se rendit compte qu'il avait dit quelque chose.

— Excusez-moi, je ne vous ai pas entendu.

— Je vous demandais ce que vous aviez prévu de faire cet après-midi. À moins que vous ne préfériez que nous continuions à… hum… nous rentrer dedans ?

— Je pense que je vais aller faire un tour sur la propriété, répondit Curtis d'un ton cassant.

Les lèvres de Da Silva se retroussèrent dans un sourire discret comme s'il se délectait d'une histoire drôle que lui seul comprenait.

— Je serai dans la bibliothèque. Ne me laissez pas être un obstacle sur votre chemin.

Cette nuit-là, Curtis attendit que l'horloge sonne une heure du matin pour sortir de sa chambre. Les couloirs étaient très sombres mais il avait repéré le chemin et s'était assuré qu'il ne pourrait pas se cogner dans les oiseaux empaillés, les quelques tables ou autres babioles.

Il se sentit lourd en descendant les escaliers. Aucun signe de vie dans la maison. Les domestiques devaient sûrement dormir et les invités qui ne trouvaient pas le sommeil vaquaient certainement à leurs occupations.

Il arriva à la bibliothèque sans encombre bien que le sang battît à ses oreilles. Avec de grandes précautions, il referma la porte derrière lui. Les volets avaient été fermés pour la nuit et la pièce était plongée dans le noir complet. Il ouvrit légèrement sa lanterne sur le côté et laissa passer un rayon de lumière jaune qui rendit le silence et l'obscurité encore plus lourds autour de lui.

Il essaya d'ouvrir la porte du lieu de stockage pour s'assurer qu'elle était toujours verrouillée, puis il introduisit dans la serrure les clés passe-partout qu'il avait achetées dans l'East End avec un épouvantable sentiment de gêne.

La première n'ouvrit pas la porte, la seconde non plus et cela continua jusqu'à ce qu'il eût essayé toutes les clés. Il jura dans sa barbe puis se raidit en entendant du bruit. C'était très léger mais…

Un grincement. Quelqu'un ouvrait la porte.

Curtis n'avait pas le temps de réfléchir. Il se mit en mouvement, referma la petite trappe de sa lanterne pour étouffer le rayon de lumière et se plaça aussi discrètement que possible à côté de la porte verrouillée. Il serra les clés passe-partout dans sa main. Il devait les remettre dans sa poche sans le moindre tintement métallique avant que quelqu'un ne les vît.

La personne qui venait d'entrer n'avait pas allumé la lumière.

Il pouvait voir une lueur extrêmement faible qui provenait du couloir et qui filtrait à travers la porte. Cette lumière à peine visible s'éteignit complètement lorsque la porte se referma sans un bruit. Un rayon blanchâtre éclaira la pièce alors que l'intrus, enfin, *l'autre* intrus alluma un objet.

Quelqu'un se promenait donc dans la pièce avec une lampe torche.

Et si c'était un voleur ? Avec toute cette malchance qui le suivait, c'était possible. Avec la chance qu'il avait, ce devait être un voleur. Il devrait se confronter à l'individu car il ne pouvait pas rester là et attendre que son hôte se fasse voler sous ses yeux. Il y aurait du bruit et tout le monde se réveillerait. Curtis avait un trousseau de clés passe-partout et une lanterne. Pourrait-il accuser le voleur d'être le propriétaire de ces objets quand quelqu'un viendrait l'aider ?

Le voleur progressait silencieusement. On pouvait percevoir ses mouvements uniquement grâce à l'avancée de la lumière. Il s'approchait du lieu de stockage au fond de la bibliothèque, à l'endroit même où se trouvait Curtis.

Encore quelques pas et ce dernier pourrait bondir sur le cambrioleur. Il se prépara à l'action. La lumière parcourut le bureau et s'arrêta brusquement sur la lanterne que Curtis avait posée là. Il se raidit. La lampe balaya les alentours avant d'éclairer directement son visage.

Choqué, aveuglé et hésitant, Curtis plongea en avant et laissa son poing gauche heurter… absolument rien car l'intrus n'était plus là. Il entendit du mouvement puis une main se plaqua contre sa bouche, les doigts lui scellant les lèvres.

— Mon Dieu, Mr Curtis, murmura l'agresseur dans son oreille. Nous devons vraiment arrêter de nous rencontrer dans ces circonstances.

Curtis se figea et la douce main s'éloigna de sa bouche.

— Mais à quoi jouez-vous, bon sang ? siffla-t-il.

Il donna un petit coup de coude vicieux et fut satisfait d'entendre Da Silva grogner après ce contact qui ne fut pas aussi violent qu'il l'avait espéré. Curtis se retourna et voulut empoigner son opposant mais il ne trouva qu'un espace vide. Frustré, il parcourut l'obscurité d'un regard inutile.

— Eh bien.

Le chuchotement de Da Silva lui parvint d'un peu plus loin. La petite lumière s'alluma de nouveau et Curtis marcha dans cette direction en espérant infliger à son agresseur un terrible châtiment. Il s'arrêta net lorsqu'il vit ce qui était éclairé. Ses clés passe-partout. Dans les mains de Da Silva.

— Vous m'avez fait les poches !

— Taisez-vous.

Le rayon de lumière s'éloigna des clés, parcourut la pièce et se posa sur le bureau.

— Ne criez pas et, s'il vous plaît, ne commencez pas à vous battre. Aucun de nous n'a envie de se faire prendre.

C'était rageant mais il avait raison.

— Que faites-vous ici ? demanda Curtis en essayant de parler aussi bas que Da Silva.

— Je voulais m'introduire dans la pièce de stockage de Sir Hubert. Et, si j'en crois le trousseau de clés et la lanterne, vous avez eu la même idée que moi.

Curtis ouvrit la bouche puis la referma. Il réussit seulement à dire :

— Êtes-vous un voleur ?

— Pas plus que vous. J'imagine que nous avons des intérêts communs, même si cela paraît peu probable.

— Cela me paraît même hautement improbable !

— Et ceci ? Est-ce probable ?

Da Silva éclaira la lanterne avec sa torche.

— Archibald Curtis, ancien serviteur de Sa Majesté, premier lecteur de *Boy's Own Paper*[5] que je rencontre, serait un voleur ? Je ne pense pas. Je ne l'espère vraiment pas. Vous êtes vraiment mauvais pour ça.

Curtis bouillonnait.

— Tandis que chez vous, c'est naturel.

— Parlez à voix basse.

La voix de Da Silva était à peine audible et parfaitement contrôlée.

— Donnez-moi une seule bonne raison de ne pas réveiller tout le monde, grogna Curtis.

— Si vous vouliez le faire, vous l'auriez déjà fait. Deux options s'offrent à vous, Mr Curtis. Agissez comme il se doit, criez à l'aide et regardez-moi ruiner vos plans tandis que vous ruinez les miens. Ou…

— Ou quoi ?

Il pouvait presque entendre le ronronnement dans la voix de Da Silva.

— Ou je pourrais ouvrir cette porte.

Curtis ne répondit pas car il ne trouva rien à dire.

— Si nous avons des intérêts communs, nous les

---

5 Magazine anglais destiné aux jeunes garçons et aux adolescents. On y trouvait des récits d'aventures ainsi que des articles sur la nature ou le sport.

trouverons une fois à l'intérieur, poursuivit Da Silva. Si nous n'en avons aucun… Eh bien, je ne me mettrai plus en travers de votre chemin et j'imagine que vous ferez de même. Si aucun de nous ne trouve ce qu'il cherchait, nous présenterons mentalement nos excuses à notre hôte et ferons comme si rien ne s'était passé. Mais tout cela dépend du franchissement de cette porte. Qu'en dites-vous ?

C'était outrageant. Il devrait lui dire d'aller en enfer. Il était impensable pour lui de s'allier à ce goujat.

Au lieu de cela, il dit :

— Vous pouvez l'ouvrir ?

— Probablement. Vous permettez ?

Da Silva ouvrit la petite trappe de la lanterne pour éclairer la serrure. Il donna la lampe torche à Curtis comme s'ils étaient des partenaires de longue date.

— Prenez ça et faites le guet.

Il s'agenouilla à côté de la porte et sa silhouette fut entourée par la lumière projetée depuis la lanterne. Curtis se pencha un peu plus et vit qu'il manipulait de longues et fines pièces de métal.

— Vous crochetez la serrure ? demanda-t-il.

— Est-ce pire que d'utiliser un trousseau de clés ?

— Vous êtes un voleur !

— Au contraire, répondit-il imperturbable. Mon père est serrurier. Il m'a enseigné son savoir-faire dès mon plus jeune âge. J'ai appris son savoir-faire dans mon berceau. Un jour, je vous ferai part de son opinion sur l'inutilité des clés passe-partout. J'espère que vous ne les avez pas payées cher.

Curtis refoula une réplique cinglante. Il savait que ce serait vain. Les doigts fins de Da Silva bougeaient régulièrement avec habileté et sans précipitation.

La maison était silencieuse. Seul son souffle restait audible. Se sentant inutile, Curtis appuya sur la lampe torche et admira la puissance de son rayonnement. Les lampes dernier cri avaient tendance à éclairer faiblement et à être peu fiables, mais celle-ci était une pièce impressionnante. Il aimerait bien l'examiner lorsqu'il en aurait l'occasion. Il éclaira la porte à la recherche d'autres serrures ou verrous puisqu'il n'avait rien de mieux à faire. Il écarquilla les yeux lorsqu'il remarqua quelque chose qu'il n'avait pas vu auparavant.

— Da Silva, siffla-t-il.

— Je suis occupé.

— *Da Silva*, répéta-t-il en enfonçant les doigts dans l'épaule du crocheteur de serrure.

Ce dernier tourna la tête et lui lança un regard noir.

— Quoi ?

— Regardez, dit Curtis en éclairant sa découverte.

— *Quoi ?*

Da Silva était toujours par terre et maintenait ses outils dans la serrure. Il regarda la pièce de métal discrètement accrochée sur la porte sans comprendre. Curtis s'agenouilla pour que leurs têtes se retrouvent à la même hauteur. Il ressentit immédiatement une pointe de douleur et son genou se déroba sous lui. Il attrapa l'épaule de son complice pour se stabiliser et s'appuya sur lui. Da Silva grogna légèrement sous le poids de Curtis.

Une fois au sol et s'appuyant toujours sur l'épaule mince qui lui parut raide sous l'effet de la tension ou de l'effort, il chuchota à l'oreille de Da Silva. Son souffle chaud se répercutait sur la peau à quelques millimètres de sa bouche.

— Il y a un fil le long du mur et une pièce métallique qui recouvre l'ouverture de la porte. C'est un contact électrique. Si vous ouvrez la porte, vous coupez le circuit.

— Et donc ?

— Je pense que c'est une alarme.

Da Silva se figea sous la main de Curtis.

— Eh bien, c'est excitant, la modernité. Il ne veut pas que nous rentrions ici, n'est-ce pas ?

Curtis aurait bien rejeté l'utilisation de ce « nous », si cette objection ne s'était pas retrouvée noyée dans l'océan de sensations que ses nerfs lui faisaient ressentir. Si Sir Hubert cachait réellement quelque chose… Si Lafayette avait eu raison…

Si c'était le cas, peu importait que cet homme soit un vieillard et qu'il soit son hôte. Il lui briserait le cou.

— L'électricité va au-delà de mes compétences, murmura Da Silva. Savez-vous comment vous débrouiller avec ça ?

Curtis inspecta la plaque de métal. Il devrait s'assurer que le circuit ne se coupe pas lorsque la porte s'ouvrirait, donc…

— Oui. Je vais avoir besoin d'outils.

— Pouvez-vous aller les chercher ?

— Pas maintenant.

Da Silva soupira bruyamment.

— Quand ?

— Demain. Mais nous devons d'abord parler. Je veux savoir ce que vous manigancez.

— Nous l'avons déjà évoqué. La même chose que vous.

— Nous devons d'abord parler, répéta Curtis en profitant de son avantage. Ou bien j'irai parler à Sir Hubert et au diable les conséquences.

Da Silva ouvrit la bouche avant de se résoudre à ne pas discuter. Il lui lança un regard malveillant.

— Bien. Demain.

— Pouvez-vous verrouiller la porte à nouveau ?

Da Silva lui lança un regard assassin plutôt que de lui répondre. Il s'affaira pendant quelques secondes avant de retirer les tiges métalliques.

— Très bien. Quel gâchis. Allons-y. Partez devant et n'oubliez rien.

Curtis remonta les escaliers, la lanterne dans une main et les clés dans la poche. Il arriva dans sa chambre et se déshabilla aussi discrètement que possible. En entendant le cliquetis d'une porte dans le couloir, il sentit son cœur s'accélérer avant de comprendre qu'il s'agissait sûrement de Da Silva qui rentrait dans sa chambre.

Évidemment, il fallait que cet homme soit son voisin. Naturellement. *Il serait appréciable que le destin cesse de mettre ce foutu voleur efféminé sur mon chemin*, se dit-il, passablement irrité.

Chapitre Trois

Quand il descendit prendre son petit déjeuner le lendemain matin, Curtis ne vit aucune trace de Da Silva. En revanche, Holt et sa gaieté matinale étaient présents. Il salua chaleureusement Curtis, ce qui remonta le moral de ce dernier. Il y avait au moins une personne à Peakholme avec qui il aimait passer du temps.

Ils discutèrent de choses et d'autres pendant un moment avant de reprendre leur conversation sportive de la veille.

— Je me demandais, pouvez-vous toujours pratiquer ? l'interrogea Holt. Cela vous dirait de faire quelques *rounds* d'entraînement avec moi ?

Décliner cette invitation fut douloureux pour Curtis.

— Non, pas vraiment. Je reprendrai peut-être dans quelques années. J'ai toujours de bons poings mais ils sont un peu douloureux. Et mon genou me ralentit.

— C'est vraiment dommage. Vous aviez une droite magnifique.

Ne plus pouvoir boxer n'était rien comparé à ce que Curtis avait perdu à Jacobsdal.

— Certains hommes sont encore plus mal lotis que moi.

Il se força à sourire.

— Autrement, je vous aurais donné du fil à retordre.

— J'en suis certain. Que diriez-vous d'une partie de billard ? Si vous pouvez y jouer, cela va sans dire.

Holt rougit.

— Je ne voulais pas… Je vous demande pardon, j'ai été stupide.

— Pas du tout. En fait, je me débrouille plutôt bien et je serais ravi de vous en donner la preuve.

Curtis était gaucher. Lorsqu'il était à l'école, il avait dû apprendre à tout faire de la main droite, bien sûr, mais cela voulait également dire que l'incident de Jacobsdal ne l'avait pas privé de tous ses moyens.

— Je vais tout de même aller faire un tour dans le jardin avant. J'ai besoin de prendre l'air.

— Je vous prie de bien vouloir me laisser vous accompagner, Mr Curtis, dit Fenella Carruth de l'autre côté de la table. Je ne vous obligerai pas à marcher rapidement, rassurez-vous. Pat aime marcher d'un pas vif, mais je préfère me promener.

— Alors je partirai devant vous et nous nous retrouverons au pavillon de jardin, ajouta Miss Merton.

Il sourit poliment en essayant de dissimuler son malaise. Il avait besoin de parler à Da Silva, pas de sociabiliser avec les autres invités. Apparemment, ce bougre récupérait en se prélassant dans son lit après ses émotions de la nuit précédente. Quel être innommable.

Curtis se promena avec Miss Carruth dans les bois naissants et les jardins qui entouraient Peakholme. Les arbres avaient été plantés au commencement du projet et avaient donc eu le temps de pousser. Le tracé des chemins avait été étudié avec minutie.

— C'est un endroit magnifique, dit Miss Carruth. Il y a tellement de choses intéressantes. Ce sera encore plus merveilleux quand tout aura poussé.

— Dans une centaine d'années ?

— Plus ou moins, dit-elle en riant bruyamment. Vous avez déjà été jusqu'au pavillon pittoresque ?

Curtis se dit alors que tout ce qui se rapportait à Peakholme était pittoresque. Il laissa Miss Carruth le guider pendant quelques minutes à travers les zones nouvellement boisées. Les feuilles d'automne crissaient sous leurs pas jusqu'à ce qu'ils arrivent dans une clairière, au pied d'une colline. En levant la tête, Curtis découvrit une tour en pierres noires sur la crête, dominant tout le paysage. Le style de ce bâtiment suggérait qu'il avait huit siècles de plus que Peakholme. On aurait dit un avant-poste défensif ou quelque chose dans ce genre-là. Curtis examina cependant la scène avec ses yeux avertis de soldat et ne vit rien qui vaille la peine d'être défendu dans les pentes rocheuses aux alentours.

Alors qu'ils s'approchaient du pavillon de jardin, il vit Miss Merton le dos droit et les bras croisés. Pendant une seconde, il pensa que l'homme à ses côtés, dont l'ombre s'étalait sur les pierres grises, devait être Holt. Mais la position indolente du corps n'avait rien à voir avec la solide posture de cet homme, ni sa façon de se tenir. Il comprit que le corps emmitouflé dans un pardessus volumineux était Da Silva.

— Oh oh. On dirait que des ennuis se profilent à l'horizon. Me voilà, Pat, s'écria Miss Carruth à l'attention de son amie tout en accélérant le pas pour arriver en haut de la colline. Suis-je en retard ?

— Miss Merton et moi partagions une intimité des plus délicieuses, ronronna Da Silva.

Curtis jeta un coup d'œil à l'expression imperturbable de l'intéressée et détourna rapidement le regard pour contempler la vue.

— Allons faire une promenade digne de ce nom, Fen, répliqua Miss Merton. J'ai besoin de prendre l'air.

Curtis saisit l'opportunité.

— Alors je vais vous laisser, mesdames. J'ai bien peur que mon genou n'en supporte pas plus. De plus, j'aimerais jeter un coup d'œil à ce pavillon de jardin.

— Hélas, j'avais espéré profiter de cette solitude pour communier avec ma muse, murmura Da Silva d'un ton affligé. C'est aussi fréquenté que le carrefour de Piccadilly Circus, par ici.

Curtis adressa un bref regard ironique à Miss Merton afin de partager sa compassion pour cet homme et sa muse.

— Eh bien, je ne vous embêterai pas très longtemps. Miss Merton. Miss Carruth, nous nous reverrons plus tard, conclut-il.

Alors que les deux femmes s'éloignaient, Da Silva alla ouvrir la porte en chêne massif. Il invita Curtis à entrer d'un geste de la main. Ce dernier s'avançait déjà vers le bâtiment, mais il devint soudain hésitant et jeta des coups d'œil à droite et à gauche.

Les deux jeunes femmes ne penseraient tout de même pas que c'était un genre de... rendez-vous, n'est-ce pas ? Curtis s'isolant dans un endroit isolé avec un homme comme Da Silva...

Il s'ôta cette idée absurde de l'esprit. Personne ne penserait cela de lui, même si une telle conclusion était évidente pour quelqu'un comme Da Silva. D'ailleurs, même si les gens pensaient cela de lui, lui savait qu'il n'était pas ce genre d'homme.

Curtis avança tout en regardant la lourde porte de la maison. Son style suggérait qu'elle était ancienne, mais il ne remarqua aucun signe de délabrement ou d'usure, contrairement aux pierres de la tour.

— Est-ce Sir Hubert qui l'a fait installer ? demanda-t-il à Da Silva qui repoussait la porte, les enfermant ainsi dans cet espace.

Mis à part les lourds coffres en bois posés contre le mur, il n'y avait rien. Les vitraux étaient traversés par des meneaux solidement fixés qui, il en était certain, altéraient la beauté du bâtiment. Un petit escalier en chêne serpentant contre le mur menait à un entresol.

— Bien sûr que oui.

Da Silva monta les escaliers devant lui.

— Il l'a commandée en disant que c'était une toute nouvelle pièce antique. C'est d'une vulgarité scandaleuse.

Et c'était un homme qui portait une veste de dandy en velours et un pantalon effroyablement moulant qui le disait. Curtis se demanda pourquoi une personne voudrait attirer l'attention ainsi avant d'ajouter :

— J'imagine que vous devez le savoir.

— Oh, c'est dur ce que vous me dites là, répondit Da Silva, imperturbable. Plutôt que de heurter ma sensibilité, admirez la vue.

Il lui indiqua une fenêtre qui donnait sur la chaîne des Pennines.

— Voilà le seul atout de ce bâtiment ridicule. L'avantage, c'est que quand nous sommes dans le bâtiment, nous ne pouvons plus le voir.

À cet instant, Curtis avait eu sa dose d'architecture.

— Passons maintenant aux choses sérieuses. Je veux savoir ce qui se passe.

— Je ne suis pas disposé à vous le dire pour le moment.

Curtis prit une grande inspiration.

— Écoutez…

Da Silva se tourna pour le regarder attentivement de ses yeux noirs.

— Pour qui travaillez-vous ? demanda-t-il à Curtis.

— Quoi ?

— J'ai dit, pour qui travaillez-vous ? C'est une question simple.

— Je ne travaille pour personne.

Da Silva soupira d'un air mélodramatique.

— Ne tournons pas autour du pot. Vous êtes un gentleman, pas un joueur. Vous n'êtes pas un voleur. Et vous êtes le neveu de Sir Maurice Vaizey, le chef du bureau des Affaires Étrangères. Vous a-t-il envoyé ici ?

— Quoi ? Non. Comment diable savez-vous qu'il est mon oncle ?

Da Silva fronça ses sourcils parfaits.

— Notre temps est limité. Ne faites pas l'idiot. Dites-moi simplement si vous êtes venu au nom de Vaizey. Que ce soit pour le chantage ou pour autre chose.

— Quel chantage ?

Curtis était complètement confus désormais.

— Je ne sais pas de quoi vous parlez. Je ne sais rien à propos d'un chantage et je ne pense pas que mon oncle sache que je suis ici.

Da Silva posa ses yeux sur lui et l'étudia.

— Si vous n'êtes pas ici pour cela… dit-il lentement. Vous avez été blessé en Afrique du Sud. Lafayette a fait faillite après ce qui s'est passé là-bas alors qu'Armstrong a fait fortune. Est-ce bien cela ? Y a-t-il un rapport avec Jacobsdal ?

Curtis fit un pas en avant et serra le poing.

— Si vous avez la moindre information…

— Absolument rien. Je suis ici pour une autre affaire.

— Alors pourquoi avez-vous dit que nos intérêts pouvaient coïncider ?

Da Silva haussa les épaules, visiblement irrité.

— J'avais tort. Il était une heure du matin. Excusez-moi de ne pas avoir deviné votre intention à ce moment-là.

Curtis lui lança un regard mauvais.

— Eh bien alors, quelle est *votre* intention ? De quel chantage parliez-vous ?

Da Silva ne répondit pas et se contenta de regarder Curtis en pesant le pour et le contre. Lorsqu'il prit enfin la parole, il n'y avait que peu de traces de sa voix traînante et maniérée. Il pesa ses mots.

— Mr Curtis. J'ai un besoin, probablement plus urgent que vous, de m'introduire dans la salle de stockage pour y trouver des papiers. Il est très important que vous ne vous mettiez pas en travers de mon chemin et que vous n'éveilliez aucune suspicion. Si nous jouons tous les deux au même jeu, nous doublons le risque. Puis-je vous persuader de m'aider avec l'alarme puis de me laisser régler cette affaire ?

— Non.

— Je suis tout aussi capable que vous de rechercher des informations et je le ferai sûrement plus discrètement. Supposons que vous me dites sur quoi vous enquêtez, je pourrai vous dire tout ce que je trouve...

— Que savez-vous sur l'armement ou les sabotages ?

Toute la rage qui ne cessait de s'accumuler depuis ce jour-là éclata.

— Que connaissez-vous de la guerre ?

Da Silva pinça les lèvres.

— Admettons, je ne suis pas un militaire...

— J'ai perdu des amis à Jacobsdal. Des hommes bons. Si Armstrong est responsable de ce sabotage d'armes *britanniques* destinées à des soldats *britanniques*...

— Alors il est coupable de meurtre et de trahison, l'interrompit Da Silva. La peine encourue pour de tels actes est un petit saut dans le vide et une élongation du cou. Si c'est une histoire de vie ou de mort, Mr Curtis, vous allez devoir agir avec beaucoup de circonspection.

— La seule chose qui me laisse circonspect, c'est vous. Que savez-vous ? Et que diable cherchez-vous ? Quelle est cette histoire de chantage ? En êtes-vous la victime ?

— Curieusement, non.

Da Silva fit une pause, réfléchit puis précisa malicieusement :

— Il y a eu une autre victime. C'était un homme qui avait des goûts... particuliers. On lui a pris tout son argent en le menaçant de tout révéler et de le faire arrêter. Quand il n'a plus rien eu à donner, il a pris la seule porte de sortie qui lui restait.

Da Silva retroussa les lèvres avant de poursuivre :

— Il n'était pas le genre d'homme à dire « rendez cela public, peu importent les conséquences » mais il n'était pas faible non plus. Il m'a parlé du chantage avant de sauter de la falaise de Beachy Head.

Curtis cligna des yeux.

— Pourquoi est-ce à vous qu'il en a parlé ?

— C'était un… ami.

Curtis crut deviner ce que cela voulait dire.

— Il m'a dit que l'événement compromettant qui l'avait mené à sa perte s'était déroulé à Peakholme. Ce qu'il a fait dans cette maison a été utilisé contre lui pour le détruire. Il a mentionné d'autres noms, d'autres invités. Parmi eux, il y a eu au moins un autre suicide. Ces deux décès cachent probablement la partie immergée et sordide de l'iceberg.

— Mais comment cela a-t-il pu se produire ? Dans les manoirs, tout le monde se montre indiscret.

Il avait entendu parler de maisons dans lesquelles une cloche sonnait pour signaler aux invités qu'il ne restait que dix minutes avant que le thé ne soit servi dans les chambres le matin, et qu'il était donc temps de rejoindre le lit conjugal. Ce n'était pas ainsi que lui-même concevait le divertissement mais, apparemment, cela convenait à beaucoup de gens et était toléré en silence.

— Il y a différents niveaux d'indiscrétion, bien sûr, ajouta-t-il.

— J'imagine que vous voulez parler des homosexuels.

Curtis n'aimait pas cette façon malicieuse et allusive de parler, surtout parce qu'il n'était pas sûr de toujours pouvoir la comprendre.

— Malgré tout, on ne peut pas faire chanter un homme au point qu'il se donne la mort, pour de simples ragots.

— Avez-vous inspecté votre chambre ? demanda Da Silva en souriant.

— Que voulez-vous dire ?

— Rien ne vous choque ou ne vous semble bizarre ?

— Non. Pourquoi ?

Le sourcil relevé de Da Silva irritait Curtis.

— Pas même l'agencement ?

Curtis ouvrit la bouche pour répondre avant de se figer. Cela semblait absurde de se plaindre de la disposition gênante des chambres. Elles allaient par paires et étaient largement espacées sur toute la longueur du couloir. C'était une maison moderne et ils avaient fait les choses de façon moderne. Il n'allait pas discuter de ces futilités, de toute façon.

— Où voulez-vous en venir ?

— Dans votre chambre, il y a un grand miroir accroché sur le mur en face de votre lit. Cette cloison donne sur une pièce utilisée par les domestiques.

— Et ? Attendez une seconde. Vous avez été dans ma chambre ?

— La mienne est en face de la vôtre. Elle est le reflet de la vôtre en termes d'agencement. Si par hasard vous me rendiez visite, vous verriez que le grand miroir est également accroché en face du lit, sur la cloison qui me sépare de la pièce des domestiques.

Il lança un regard lourd de sens à Curtis.

— Êtes-vous en train de suggérer qu'il s'agit d'un miroir sans tain ? répliqua ce dernier, de plus en plus incrédule.

— Je crois bien qu'il y en a un dans chaque chambre d'amis. Si vous décrochez le miroir dans ma chambre, après avoir dévissé tout ce qui le maintient en place, vous pourrez voir une ouverture relativement large, qui rejoint le couloir de service.

— Vous me faites marcher.

— Non. Si vous pouvez trouver une raison expliquant de creuser un trou dans le mur que l'on dissimule sous un miroir, si ce n'est pour cacher une caméra, alors je vous écouterais avec fascination. En parlant de cela, je ne vois pas à quelle autre fin ces couloirs dissimulés auraient pu être créés.

— Eh bien, pour... l'électricité. Quelque chose en rapport avec le chauffage...

— C'est possible. L'explication la plus indulgente serait

que leur utilisation a changé dès lors que notre hôte s'est rendu compte de leur potentiel. Je doute qu'ils aient été inventés spécialement pour s'adonner au chantage. Dans les deux cas, Armstrong trempe là-dedans jusqu'au cou. Lui et sa délicieuse maison, si loin de Londres, avec ses invités triés sur le volet et, je ne sais pas si vous l'avez remarqué, ses domestiques aussi attirants qu'attentifs. Ce jeune blond qui m'a indiqué ma chambre était particulièrement charmant.

Curtis peina à trouver ses mots.

— Vous pensez à de l'extorsion bien orchestrée ?

— En quelque sorte.

— Dans quel but ?

— Gagner de l'argent, répondit Da Silva comme si cela paraissait évident.

— Mais Armstrong est riche !

— Avez-vous une quelconque idée du coût de construction d'une telle bâtisse ? Le pavillon de jardin, les séquoias importés du Canada, le câblage électrique, les appareils de chauffage ? Les ampoules de chaque lampe ont été créées spécialement, en grandes quantités, pour ce manoir. Cette maison possède sa propre ligne de téléphone et un générateur électrique qui fonctionne grâce à la force de l'eau. Tout cela a été conçu exclusivement pour Peakholme. Il faudrait une fortune pour entretenir cet endroit comme il le faut. En parlant d'argent, Lady Armstrong et l'incroyable James sont bien trop extravagants. Je vous parle là du mécénat artistique de Madame, qui est délicieusement généreuse avec les poètes en difficulté, et de ses robes. Des chevaux du fils et de ses jeux d'argent. Il est paresseux comme une couleuvre. Il vit aux crochets de son père et ne lève pas le petit doigt. Les affaires d'Armstrong fonctionnent relativement bien mais il dépense comme un fou. Il a besoin d'une autre guerre. Pour faire court, il a besoin d'argent.

Curtis fronça les sourcils.

— Comment savez-vous tout cela ? Êtes-vous certain de ce que vous dites ?

— À propos de ses inquiétudes financières ? J'ai entendu beaucoup de rumeurs. En ce qui concerne le chantage… eh bien, je serai certain de ce que j'avance une fois que j'aurai mis la main sur les preuves photographiques. En attendant, ce ne sont que des on-dit, des hypothèses et des déductions. Mais si je viens à la campagne, qui plus est en octobre, c'est parce que je suis profondément inquiet. J'ai joué cartes sur table avec vous, Mr Curtis. Je crois que notre hôte s'est engagé délibérément dans un cruel engrenage qui mêle piège et chantage et qui a poussé deux hommes à se suicider. Qu'en pensez-vous ?

Au tour de Curtis d'étudier le visage de son vis-à-vis. Pouvait-il faire confiance à Da Silva ? D'après ce qu'il voyait, cet homme semblait sincère. Et Dieu seul savait à quel point il avait besoin d'aide.

Il prit une profonde inspiration.

— Lafayette est venu rendre visite à mon oncle il y a environ un mois.

— Quel oncle ?

— Sir Henry. Il avait déjà été voir Sir Maurice dans son bureau. Ce dernier l'avait envoyé balader. J'imagine que c'est pour cela qu'il a fait appel à mon autre oncle par la suite.

Il leva sa main blessée.

— Il espérait que Sir Henry parle à Sir Maurice.

— Vous parlez toujours de vos oncles en termes de Sir je-ne-sais-quoi ? demanda Da Silva, curieux.

— Oui. Pourquoi pas ?

Sir Henry Curtis et Sir Maurice Vaizey étaient respectivement les frères de son père et de sa mère. Ils avaient tous les deux été responsables de son éducation. Sir Henry était resté célibataire pendant toute l'enfance de Curtis. Quant à Sir Maurice, il était veuf depuis longtemps. Il n'avait jamais douté de leur affection, mais les sentiments n'avaient pas leur place dans son apprentissage.

Da Silva haussa les épaules.

— Pourquoi pas, en effet. Bien évidemment. Poursuivez.

Curtis se hérissa. Il avait saisi une critique sous-jacente qu'il ne comprenait pas. Mais Da Silva agita un doigt pour lui montrer qu'il fallait se dépêcher. Curtis reprit son histoire.

— Sir Henry était en Afrique. J'étais là, alors c'est à moi que Lafayette s'est adressé. Il était effondré, à moitié affamé et il divaguait. Il était simplement fou, d'après moi. Sir Maurice avait sûrement pensé la même chose. Mais Lafayette a dit que Mr Armstrong avait saboté son usine et qu'il était à l'origine des défauts sur les armes pour mener Lafayette à la faillite et reprendre sa part du marché.

— En quoi est-ce crédible ?

— Je ne sais pas si ça l'est. Il pensait que deux de ses hommes de confiance, un contremaître et un employé de bureau, avaient été subornés par Armstrong pour saboter son travail. Il a dit qu'ils s'étaient tous les deux envolés. J'ai vérifié et, en effet, leurs familles ont déclaré leur disparition.

— À votre avis, qu'est-ce qui leur est arrivé ?

— Je n'en ai aucune idée. Lafayette pensait à un acte criminel, mais il n'en était pas certain. Ils ont peut-être touché leur pot-de-vin et quitté le pays. Enfin, si tout cela est réellement arrivé.

— Si j'avais suborné des hommes pour commettre un acte de haute trahison, je les aurais fait taire par la suite, dit pensivement Da Silva. Mais si j'avais trahi mon pays, je serais parti en vitesse. Qu'est-il arrivé à Lafayette ? Quelqu'un a dit qu'il était mort, non ?

— Quinze jours après que je lui ai parlé. C'était il y a quelques semaines maintenant. Il a été retrouvé dans la Tamise. Il semble qu'il ait reçu un coup à la tête et soit tombé à l'eau.

— Un coup à la tête, répéta Da Silva.

— Oui.

— S'est-on demandé qui avait bien pu lui faire cela ?

Curtis se posait la question depuis qu'il avait lu le rapport d'enquête. Il ressentit une vague de sympathie envers Da Silva. Il se sentait grandement soulagé de voir que ce dernier partageait ses pensées.

— Impossible à dire. Le corps est resté plusieurs jours dans le fleuve avant d'être retrouvé. Le médecin légiste a dit que c'était un accident.

— Il avait commencé à parler de cette affaire et, quelques jours plus tard, il a été retrouvé dans la Tamise avec des contusions à la tête, résuma Da Silva avant de grimacer. Vous êtes donc ici pour déterminer s'il y a un semblant de vérité dans ce qui pourrait être soit les divagations d'un homme perturbé, soit les découvertes d'un homme lésé et peut-être assassiné. Eh bien, nous savons maintenant où nous en sommes. Faisons-nous cause commune ?

À première vue, ce n'était pas une perspective très attirante. Mais Curtis n'avait aucune chance de trouver quoi que ce soit s'il faisait cavalier seul, tandis que Da Silva semblait à peu près sûr de ce qu'il faisait et il savait au moins crocheter les serrures. Curtis avait besoin qu'on lui ouvre ces portes, il avait besoin de savoir s'il avait perdu ses amis, sa carrière et son but dans la vie à cause d'une trahison ou d'un destin maudit. D'ailleurs, il devait savoir si son vis-à-vis disait la vérité à propos des miroirs dans les chambres et des hommes qui avaient mis fin à leurs jours. Si c'était le cas, peu importait qu'Armstrong fût responsable du reste, il méritait des coups de fouet et Curtis allait s'assurer qu'il les recevrait.

Élaborer des subterfuges ne venait pas naturellement à Curtis. Il pourrait avoir besoin d'un homme comme Da Silva. Il s'était déjà rendu compte que les manières efféminées de cet homme dissimulaient un regard avisé et un esprit aiguisé. Mais il semblait également avoir du courage et même une certaine notion de la décence. Curtis eut la désagréable sensation qu'il l'avait jugé trop vite.

— Très bien. Nous faisons cause commune.

Il tendit sa main droite sans réfléchir. Da Silva la saisit sans dégoût visible pour la mutilation. Sa poigne fut moins ferme au niveau des cicatrices mais fut résolument moins flasque que lors de leur première poignée de main.

— Alors allons-y, répondit Da Silva. De quoi avez-vous besoin pour neutraliser l'alarme dans la bibliothèque ?

— De bagues de serrage et de câbles. Il y a des outils au manoir. Armstrong m'a montré l'atelier hier. J'irai jeter un coup d'œil.

— Disons alors que nous nous retrouvons à une heure du matin dans la bibliothèque ? J'ai hâte d'y être.

Chapitre Quatre

Retourner faire la fête au manoir après cet épisode fut étrange. À l'heure du déjeuner, Mrs Lambdon et Mrs Grayling posèrent énormément de questions sur l'oncle de Curtis. Ce grand et bel explorateur de légende rendait sa famille plus glamour. Par habitude, il répondit à leurs interrogations, mais il avait la tête ailleurs.

La conversation dans le pavillon de jardin lui semblait irréelle à présent, principalement à cause de Da Silva, cet esthète efféminé. Il faisait des remarques mélodramatiques accompagnées de gestes grandiloquents auxquelles les femmes répondaient en gloussant et les hommes en levant les yeux au ciel. Avait-il réellement serré la main de cet individu pour s'allier à lui dans le but de voler leur hôte ?

Da Silva pouvait-il avoir raison ? Qui était la victime du chantage en cet instant même ? Sûrement pas les Lambdon, ils étaient de la famille de Lady Armstrong. Les Grayling ? Ils étaient riches et il avait cru comprendre que la femme avait des yeux baladeurs. Miss Carruth ? C'était impossible. Armstrong espérait-il le faire chanter, *lui* ? Sur quel motif ?

Après le déjeuner, Curtis se réfugia dans la bibliothèque afin d'échapper aux propositions d'activités sportives de James Armstrong et au comportement bien plus qu'amical de Mrs Grayling. La section des romans à sensations incluait de nombreux romans policiers et vaudevilles écrits par Edgar Wallace et E. Phillips Oppenheim. Ces livres étaient à base de gentlemen espions, d'étrangers mystérieux et de séductrices voluptueuses. Curtis aimait ce genre de choses mais, ce jour-là, il n'arrivait pas à se divertir. La véritable existence d'un gentleman espion consistait à s'introduire en douce dans des bureaux, enfreindre les règles d'hospitalité et se comporter comme absolument tout sauf un gentleman. Le seul étranger mystérieux dans le coin, c'était Da Silva. D'ailleurs, il était aussi l'invité de Peakholme qui se rapprochait le plus d'une séductrice voluptueuse.

Da Silva aurait été le méchant de l'histoire si l'on était dans un roman d'Oppenheim. Curtis aurait voulu que le poète soit effectivement la personne malveillante. Car lui-même ne souhaitait pas découvrir que Sir Hubert faisait du chantage, et encore moins que c'était un traître. Il ne voulait pas savoir que c'était son hôte qui avait causé la perte de sa main et le décès de George Fisher.

Il arrêta d'y penser avant que la colère ne le submerge à nouveau. Il se força à regarder les étagères de la bibliothèque. Alors qu'il examinait les livres, un nom sur une tranche étroite attira son attention.

Il tira sur le petit volume entièrement relié par une couverture grise. *Le vivier. Poèmes de Daniel Da Silva.*

Il devait les lire.

Curtis trouva un fauteuil en cuir confortable et ouvrit sur une page au hasard. Déconcerté, il revint au début après quelques minutes et reprit la lecture depuis le tout début.

Il n'était pas un homme de poésie. Il tolérait Tennyson et les œuvres courtes. Il aimait quelques poèmes émouvants que tout le monde connaissait, comme *Invictus*[6] ou celui qui se terminait par « Allez ! Allez ! Faites tout pour gagner, et dans les règles de l'art ! »[7], même si le sable rougi par le sang semblait nettement moins poétique une fois qu'on l'avait vu en vrai. En Afrique du Sud, quelques hommes avaient

---

6 Court poème de l'écrivain William Ernest Henley.
7 Dernier vers du poème de Sir Henry Newbolt, *Vitaï lampada*, écrit en 1897 (Traduction de Alexia Vaz).

récité des vers de Kipling pendant les longues soirées. Ils étaient plutôt divertissants, rimaient bien, avaient un bon rythme et une histoire que tout le monde pouvait suivre. Les poèmes de Da Silva n'avaient rien à voir avec cela. Ce n'étaient que des fragments brisés, pas même des phrases. Ils partaient dans tous les sens. Il y avait clairement une signification mais les mots s'enroulaient les uns autour des autres, se séparaient et menaient à une conclusion que Curtis ne comprenait pas mais il sentait la pression malsaine et inquiétante qu'elle faisait peser sur lui. Les poèmes évoquaient des images saisissantes et extraordinaires, mais pas du tout poétiques dans le sens où Curtis l'envisageait. Il n'y avait pas de trompettes, de montagnes ou de jonquilles. Au contraire, ces œuvres étaient emplies de verres brisés, d'eau – mais d'une eau clairement impure – et d'êtres pleins d'écailles qui bougeaient dans l'obscurité. Une image récurrente, venant des profondeurs, semblait résumer l'ensemble. Curtis ne pouvait pas dire précisément de quoi il s'agissait. Elle venait dans une lueur brillante d'écailles. C'était un sombre éclat. Un glissement sur une main imprudente qui s'évaporait avant de refaire son apparition. Il attendait, toujours hors de portée.

Curtis recommença à lire les pages ouvertes devant lui et lut l'épigraphe. Cette citation était attribuée à un certain Webster.

Lorsque mon regard plonge dans les étangs de mon jardin
J'aperçois une forme armée d'un râteau
Qui cherche à me frapper[8].

Quand il leva à nouveau la tête, Da Silva se trouvait là. Il le regardait, adossé aux rayonnages.

— Je… dit Curtis avec la gêne naturelle d'un Anglais surpris en train de lire des poèmes. Je… hm. Je ne faisais que le regarder.

Il se demanda depuis combien de temps cet homme

---

8   John Webster, *La Duchesse d'Amalfi*, Acte V, scène 5 (Traduction de Alexia Vaz).

l'observait et comment il faisait pour se déplacer si discrètement.

— C'est pour ça qu'il existe, lui accorda Da Silva. Je ne vous embarrasserai pas en vous demandant votre opinion.

Dans des circonstances normales, Curtis aurait été soulagé qu'on ne le sollicite pas à donner son avis sur de la poésie. En revanche, à cet instant, il fut piqué au vif. Il n'était peut-être pas un littéraire, mais n'était pas non plus le dernier des idiots. Son esprit était empli d'idées perturbantes qui nageaient dans des eaux troubles.

— Je n'ai pas compris votre œuvre. Je dirais même que je ne suis pas censé la comprendre.

Il vit la paupière de Da Silva tressaillir et, avant que celui-ci puisse lui reprocher une nouvelle fois de ne pas s'ouvrir aux arts, il ajouta :

— En fait, cela m'a fait penser à Seurat.

Le visage de son interlocuteur devint blafard.

— À…?

Curtis comprit avec une immense satisfaction qu'il l'avait pris à contre-pied.

— Seurat. Le peintre impressionniste, expliqua-t-il. Vous savez, le type qui peint des tableaux avec des petits points.

Da Silva plissa les yeux jusqu'à ce qu'ils ne soient plus que de petites fentes noires.

— Je sais qui est Seurat. Pourquoi ma poésie vous ferait-elle penser à lui ?

Il regarda Curtis pendant quelques secondes, légèrement sur la défensive. Il n'était pas aussi maître de lui que d'habitude. À cet instant, Curtis pensa que s'il avait écrit des vers, il n'aimerait pas que les gens les critiquent méchamment. Surtout lorsqu'il s'agissait de poèmes comme ceux-ci qui semblaient sortir du plus profond de son être. Il ne savait pas ce que *Le Vivier* lui apprenait sur Daniel Da Silva, mais il sentit instinctivement que ce livre contenait des éléments dépassant cette solide carapace extérieure. Ils étaient à vif et tressaillaient lorsqu'on les touchait.

— Les peintures de Seurat, dit-il en essayant de trouver un moyen d'exprimer ses pensées. Si on les regarde, on ne voit que des points de couleur. Ce n'est qu'un méli-mélo qui n'a aucun sens. En revanche, si l'on prend suffisamment de recul, les pièces du puzzle s'assemblent et on distingue une image. C'est pour cela que j'ai fait le rapprochement avec vos poèmes.

Il jeta un coup d'œil au livre qu'il tenait toujours à la main puis ajouta :

— Je pense que j'ai besoin de m'éloigner un peu pour en saisir le sens, si vous le permettez. Peut-être jusqu'à Manchester.

Pendant une seconde, Da Silva sembla surpris puis son visage s'illumina d'un sourire. C'était sûrement la première expression sincère et non calculée que Curtis voyait sur son visage. L'étonnement, l'amusement et le plaisir s'y mêlaient et le rendaient soudain plus vivant mais aussi plus jeune, sans cette attitude d'homme las de ce monde. Spontanément, Curtis pensa que Miss Carruth avait raison. Daniel Da Silva était assez beau.

— C'est l'analyse la plus convaincante que j'ai entendue depuis des lustres. Vous devriez écrire une critique pour *The New Age*.

Da Silva parlait de l'un de ces périodiques modernes, intellectuels et socialistes. Curtis n'en avait jamais ouvert un de sa vie et son vis-à-vis le savait incontestablement.

— Oh, c'est hors de ma portée. Peut-être que *Boy's Own Paper* a besoin d'une critique poétique.

Da Silva rit bruyamment.

— C'est une excellente idée. *Dans ce numéro, découvrez la technique pour nouer des nœuds plats, des récits de guerre palpitants et notre rubrique « Écrivez un sonnet avec le général Gordon ».*

Curtis rit également.

— Retrouvez « *En miettes, les aventures d'un garçon chez les fragmentalistes* ».

Da Silva grogna d'une façon peu élégante et ses épaules tremblèrent. Curtis était satisfait d'avoir tenu tête à cet homme à l'esprit vif et imprévisible. Depuis son arrivée à Peakholme, il n'avait pas une seule fois vu Da Silva rire de cette façon.

Ils se lancèrent tous les deux un sourire. Puis celui de Da Silva se transforma. De joyeux, il devint… intime. Engageant. Bien que ce ne soit pas le genre de Curtis, il se sentit transporté par les yeux noirs. Da Silva l'étudiait d'un regard pénétrant.

Curtis était seul dans une pièce en compagnie d'un homme qui préférait les individus masculins et qui ne le lâchait pas des yeux.

Curtis ne trouvait rien à dire.

Da Silva esquissa ce sourire mystérieux qui lui était propre, comme s'il savourait une plaisanterie qu'il était le seul à entendre. Il prit la parole en premier.

— Vous savez…

Il s'éloigna des étagères sur lesquelles il avait paresseusement pris appui, puis tourna la tête brusquement lorsque la porte s'ouvrit.

— Vous voilà, Curtis.

Holt et Armstrong entrèrent bruyamment dans la bibliothèque.

— Que diriez-vous d'une partie de billard ?

Ni l'un ni l'autre n'inclurent Da Silva dans leur invitation. Mais ce dernier se dirigeait déjà vers d'autres rayonnages d'un pas léger, le visage inexpressif, ignorant toutes les personnes présentes.

— Que diable est-ce donc ? demanda Armstrong en saisissant le livre sur le bras du fauteuil de Curtis. De la poésie ? Oh mon Dieu, vous ne lisez pas ces idioties, n'est-ce pas ?

Avec mépris, il déchiffra le titre du recueil.

— *Le Vivier ?* Quelles âneries. Oh… je comprends.

Il avait clairement remarqué le nom de l'auteur.

— Voyons voir ça.

Si Curtis avait eu envie d'assister à une séance de lynchage, il serait retourné à l'école. Il s'avança vers Armstrong et lui arracha le livre des mains avant que ce dernier ne puisse l'ouvrir. Curtis boita ensuite jusqu'à l'étagère pour le reposer. Il avait le genou raide, comme chaque fois qu'il restait assis trop longtemps. Agacé, il plia la jambe.

— Si vous voulez jouer, alors jouons.

Curtis ne savait pas s'il avait hâte que sonne une heure du matin ou s'il le redoutait. Un peu des deux, sûrement. Il monta tôt dans sa chambre en prétextant être trop fatigué. Il avait besoin de s'éloigner de ces jeunes hommes turbulents qui n'arrêtaient pas d'enchaîner les jeux : billard, bridge, whist. Il s'allongea entièrement habillé sur son lit. Il était gêné face à ce miroir qui occupait tant de place sur le mur opposé. Son reflet vitreux lui renvoyait son regard.

Y avait-il quelqu'un en train de le regarder à ce moment même ? Non, ce serait absurde. Mais il ne put s'empêcher de repenser à cette jolie domestique qu'il avait surprise dans sa chambre plus tôt dans la soirée. Était-ce le hasard ou était-elle en train de l'attendre ? Et si le sourire de séductrice de Mrs Grayling avait attiré l'attention de Curtis ? Quelqu'un les surveillerait-il, alors ?

Aux environs de vingt-trois heures trente, la fête s'acheva à l'étage inférieur. À une heure moins le quart, la maison était silencieuse. Curtis attendit quelques minutes de plus puis il dut se mettre en marche avant que sa nervosité ne prenne le dessus. Il était vêtu d'un pantalon noir et d'un pull foncé sous sa robe de chambre bleu marine. La lanterne à la main et les câbles dans la poche, il se faufila dans les escaliers aussi discrètement que possible.

Il examina la porte de la salle de stockage pour s'assurer

que son plan improvisé fonctionnerait. Il attendit quelques minutes dans la bibliothèque, tendu et impatient. Il se demandait s'il devait commencer sans Da Silva et s'il était vraiment à sa place ici. Et si tout ceci était une sorte de stratagème ? Et si Da Silva n'était pas digne de confiance ? Et si son hôte descendait et le voyait planté là ? Cette pensée le fit frissonner.

Dans le couloir et à travers toute la maison, les horloges sonnèrent en chœur. La porte s'ouvrit et laissa entrer un léger courant d'air. Il eut beau essayer, Curtis n'entendit pas les bruits de pas de Da Silva alors que ce dernier entrait dans la pièce.

Il referma la porte avant d'allumer sa lampe torche.

— Bonsoir, chuchota-t-il. Vous êtes prêt ? Très bien. Dois-je commencer par crocheter la serrure ou bien devez-vous d'abord effectuer votre tour de magie avec l'électricité ?

— Vous pouvez crocheter la serrure sans l'ouvrir ? Alors faites-le. N'ouvrez pas. Pas même un tout petit peu.

— Compris. Surveillez le couloir, tendez l'oreille.

Curtis acquiesça et maintint la lanterne en l'air pour son complice. Il jouait le rôle de sentinelle dans l'obscurité et écoutait le moindre bruit dans le couloir. Puisqu'il ne pouvait rien voir d'autre, il observait les mouvements précis et adroits de Da Silva dans le rayon lumineux qui entourait le verrou. Quelques instants plus tard, il entendit un cliquetis étouffé.

— C'est à vous, murmura Da Silva. Je vais faire le guet.

Curtis s'avança vers la porte avec l'impression de marcher comme un éléphant à côté de son compagnon au pas léger. Il était maintenant temps d'attacher le câble qu'il avait pris dans l'atelier et de le faire tenir avec le mastic pour que le circuit reste connecté.

— Qu'est-ce que c'est ? murmura Da Silva à son oreille, son souffle chatouillant sa joue.

Curtis sursauta.

— Bon Dieu ! siffla-t-il. Vous ne pouvez pas être un peu moins discret ?

— Sûrement pas. Qu'est-ce que c'est ?

— J'ai trafiqué un câble. Le circuit restera fermé. Je l'espère. Il est assez long pour maintenir la connexion pendant que nous ouvrons la porte. Il faut simplement que nous évitions de le bouger.

— Ah, je vois. Vous… « espérez » ?

— Je ne peux pas garantir qu'il n'y ait pas le même système de l'autre côté de la porte.

— Ah. Très bien, il n'y a donc *aucun* risque. Puis-je ?

— Faites attention.

Curtis prit la lampe torche et éclaira le circuit improvisé tandis que Da Silva ouvrait la porte autant que le permettait le câble. Il ne perçut aucune alarme et laissa échapper un soupir.

— Beau travail, murmura Da Silva. Bien. On entre ?

Il se faufila dans l'interstice. Curtis, qui était plus corpulent, s'y glissa avec plus de difficulté. Il referma la porte derrière lui et ouvrit au maximum la trappe de la lanterne afin d'illuminer la pièce. Elle était petite et n'avait ni fenêtre, ni autre sortie. Il y avait quelques chaises empilées, une table et un large placard. Il tira sur le premier tiroir mais il était verrouillé.

— Excusez-moi.

Da Silva prit sa place, glissa des tiges de métal dans la serrure puis les agita. Un clic retentit presque instantanément. Il ouvrit le tiroir.

— Vous vous occupez de celui-ci. Je me charge de celui d'en bas et nous nous retrouvons au milieu ?

Curtis acquiesça. Da Silva sortit une seconde lampe torche et referma la trappe de la lanterne. Chaque homme avait sa lumière. Il s'accroupit et ouvrit le dernier tiroir.

Gêné de sentir Da Silva à ses pieds, Curtis commença à feuilleter les dossiers suspendus. Quelques secondes plus tard, il tomba sur des impressions photographiques. Il en sortit une et en eut la bouche sèche.

— Regardez.

Da Silva se releva pour se placer à côté de Curtis et regarder l'image à la lumière de sa torche.

— Si quelqu'un voulait faire chanter cette dame, cette photographie suffirait. Remettez-la à sa place.

Il s'exécuta. Alors que Da Silva feuilletait déjà le dossier suivant, Curtis se rendit compte qu'il n'avait pas eu la chance du débutant. Chaque feuillet contenait des clichés. Il grimaça en voyant toutes ces images. Certaines étaient floues, d'autres étaient des preuves en noir et blanc de plaisir et de dépravation.

— Bon Dieu ! siffla-t-il alors que Da Silva sortait une photo qui lui retourna l'estomac. Remettez-la à sa place.

Il n'en fit rien. Il fixait l'image.

— Pour l'amour de Dieu, dit Curtis en le regardant. Je connais cet homme. Nous étions tous les deux à Oxford. J'étais en première et lui en troisième année. Remettez-la à sa place.

— De quel homme parlez-vous ?

— Celui… en dessous.

Celui qui était à quatre pattes, dont le visage était déformé par le plaisir ou la douleur et dont les épaules étaient agrippées par un homme musclé agenouillé derrière lui.

— Qui est-il ?

— Ce ne sont pas vos affaires.

— Ne soyez pas stupide. Qui est-il ? Ou plutôt, que fait-il dans la vie ?

Il n'y avait rien d'étrange dans la voix de Da Silva, juste de l'empressement.

— Il travaille au bureau des Affaires Étrangères, dit Curtis à contrecœur. Il est sous-secrétaire.

— Quelle ironie, répondit l'autre d'un ton sec. Sur cette photo, il est *en dessous* d'un secrétaire, ou du moins d'un attaché. Cet homme, le blond, travaille à l'ambassade prussienne.

Curtis regarda fixement le Prussien aux cheveux dorés, capturé à l'instant même où il prenait un homme avec une brutalité évidente. Il frissonna en ressentant cette sensation curieuse, gênante et illicite.

— Je ne pense pas qu'un homme qui travaille pour les Affaires Étrangères ait le droit de faire cela avec un diplomate prussien.

— Moi non plus.

Da Silva remit la photo en place et continua à feuilleter d'autres dossiers.

— En voilà une autre.

Incrédule, Curtis la lui arracha des mains.

— Pour l'amour de Dieu. Je le connais, lui aussi. Nous allions dans la même université. Dans les mêmes clubs.

— Il vient aussi dans quelques-uns de mes clubs. Il n'est pas très discret. N'est-il pas un écuyer au service de Sa Majesté ?

Curtis acquiesça.

— Il est même plus qu'indiscret. Remarquez que nous ne voyons jamais le visage de son partenaire.

L'écuyer était clairement enfoncé dans le corps d'un autre homme, mais ce dernier avait enfoui la tête dans les couvertures. Da Silva fronça les sourcils.

— Des cheveux blonds. Je me demande s'il s'agit de ce cher laquais.

— Wesley ? répliqua Curtis en essayant de se le représenter mentalement. J'imagine que ça peut être lui.

— Et… Oh. Regardez.

Curtis jeta un coup d'œil à la photographie que tenait son compagnon. Une femme prenait visiblement son pied avec un homme dont l'épaule était marquée d'une cicatrice en forme de Y. Il ne la reconnut pas mais lorsque son regard se posa sur le visage de l'homme, il en resta bouche bée.

— C'est Lambdon ?

— En effet. Et...

Da Silva fouilla dans le tiroir et ressortit la première image. La photographie avait été prise de sorte à ce que l'homme fût coupé au niveau du cou. Da Silva tapota du doigt la cicatrice caractéristique, visible sur l'épaule.

— La même marque. C'est Mr Lambdon qui domine.

— Sir Hubert ne ferait tout de même pas chanter son propre beau-frère ?

— Et qui vous dit que Lambdon est la victime du chantage ? D'ailleurs, qui vous dit que Sir Hubert est le seul maître-chanteur ? Regardez, Curtis.

Da Silva balaya les fichiers d'une main avant de reprendre.

— Combien de connaissances d'Oxford, de votre promotion ou non, avez-vous vues dans le lot ?

— Trois.

Deux étaient avec des hommes. Le troisième connaissait une ascension fulgurante au sein de l'église catholique qui s'arrêterait dès lors que cette image de lui copulant avec une femme à forte poitrine serait divulguée.

— Qui dans cette maison a été à Oxford quelques années après vous ? Qui connaît les ragots ? Qui serait le mieux placé pour inviter ces hommes affreusement gentils à une séance photo chez papa ?

— Vous ne parlez tout de même pas de James Armstrong ?

— Regardez qui ils sont. Réfléchissez. James invite les pigeons, ceux avec des carrières florissantes et tout à perdre. Sophie choisit les femmes. Les femmes parlent beaucoup, alors Lady Armstrong sait qui est frustrée, qui est ouverte aux suggestions. Elle les cible, les invite puis les valets, son cher frère ou encore ce foutu ambassadeur prussien couchent avec. C'est une affaire de famille.

Curtis réfléchit, tenant toujours la lampe torche alors que Da Silva se précipitait pour ouvrir le tiroir suivant. Il sortit d'autres photos de personnes qui lui étaient inconnues. Parmi ces clichés, il y avait celui d'un homme d'âge mûr avec une jeune fille qui ne semblait pas avoir plus de douze ans. Il sortit également tout un tas de feuilles. Da Silva les feuilleta puis s'arrêta alors que son partenaire lui arrachait des mains.

— Quoi ?

Curtis revint en arrière dans le dossier et retrouva ce qui avait attiré son attention. Il saisit une feuille. Les dessins qui y apparaissaient lui semblaient amèrement familiers. Il les regarda fixement, le sang battant dans les tempes.

— Qu'est-ce que c'est ?

Curtis se lécha les lèvres.

— C'est le schéma d'un revolver Lafayette.

Il prit une grande inspiration puis inspecta les autres papiers du dossier, un par un.

— Les plans architecturaux de l'usine Lafayette. Le cahier des charges pour les armes. Pour…

Il se figea et déglutit difficilement en saisissant une autre feuille.

— Celui-ci, c'est le revolver que j'ai utilisé à Jacobsdal.

— Oh mon Dieu, dit doucement Da Silva. Curtis…

— Pourquoi Armstrong aurait-il caché ces plans ici ? À moins que…

Ces papiers, dans ce cabinet des vices, ne pouvaient avoir qu'une seule signification. Ce qui s'était passé à Jacobsdal n'était pas un accident. Les armes avaient été sabotées à l'usine. Sir Hubert Armstrong avait assassiné les soldats de la compagnie de Curtis, ses hommes et ses amis, comme s'il avait appuyé lui-même sur la gâchette.

Curtis froissa les documents dans sa main. Da Silva les lui prit gentiment.

— Je suis désolé.

— Armstrong nous a trahis. Il nous a envoyés en enfer pour faire plus de profit.

— Parlez à voix basse, dit Da Silva en posant une main sur le poignet tremblant de Curtis.

Il inclina la lampe torche de sorte à ce qu'une partie de leur visage soit éclairée.

— C'est un acte innommable. Je n'imagine pas à quel point vous devez être en colère. Mais restez silencieux.

— Je vais le tuer, répondit Curtis d'une voix rocailleuse.

— Vous allez devoir vous battre avec le bourreau pour ce privilège. Un acte de sabotage au sein de l'armée britannique en temps de guerre ? Il va tomber pour haute trahison.

— Mon Dieu.

Curtis serra sa main mutilée et inutile dans son gant de cuir noir.

— Je suis dans la maison de ce salaud, reprit-il. Je mange sa nourriture. Je suis *son invité*.

Il avait envie de vomir tout ce qu'il avait avalé depuis qu'il était arrivé. Il voulait tirer Sir Hubert du lit et le frapper au sang.

— Nous lui ferons payer. Curtis. Je vous promets que nous le verrons mourir. Ne perdez pas la tête maintenant.

Da Silva ne baissa pas les yeux jusqu'à ce que son complice acquiesce difficilement. Il garda la main sur le poignet de Curtis pendant un moment puis la leva et retourna inspecter le tiroir.

Curtis était figé. Il essayait de contrôler la rage qui le submergeait. Il n'avait pas réellement cru Lafayette. Il avait agi suite aux paroles de ce dernier, mais seulement parce qu'il lui était impossible de rester passif. Mais le doute n'était plus permis. L'ampleur de la traîtrise d'Armstrong défila dans son esprit : les hommes morts et les mutilés. Le visage déconcerté de George Fisher. Sa propre vie, vide et sans avenir, sans l'armée qui lui offrait le but et la camaraderie qu'il avait toujours désirés. Tout cela pour quoi ? Pour illuminer la maison de Sir Hubert de lampes électriques, pour acheter des robes à Lady Armstrong et des chevaux à James.

— C'est quoi ce foutoir ? dit Da Silva distinctement, mais toujours à voix basse.

Curtis sortit de sa transe furieuse.

— De quoi s'agit-il ?

Son partenaire lui lança un papier. Il lut l'en-tête. Il était écrit *Juste pour tes yeux.*

— Cela vient du bureau des Affaires Étrangères. Qu'est-ce que ça fait là, bon sang ?

— Demandez à votre collègue qui se fait fourrer par un Prussien, rétorqua Da Silva.

Il feuilleta plus rapidement les autres dossiers et examina les feuilles rédigées à la main ou à la machine.

— Oh oh, reprit-il. En tant que militaire, dites-moi, de quoi cela a l'air pour vous ?

— Ce sont les lignes de ravitaillement en armes, dit Curtis en pouvant à peine regarder.

Ces feuilles portaient le tampon Top Secret.

— Pourquoi diable…? Pourquoi Armstrong a-t-il ces papiers en sa possession ?

— Qu'en pensez-vous ? demanda sèchement Da Silva.

— Les hommes du bureau des Affaires Étrangères. Le chantage. Est-ce que Armstrong vend des secrets d'État ?

Une pensée le pétrifia. Il sentait les poils de sa nuque se hérisser.

— Vous avez dit ce matin qu'il avait besoin d'une autre guerre.

Da Silva prit une grande inspiration. Puis il remit les documents en place dans leurs dossiers et aplatit les bords là où ils dépassaient.

— Nous devons sortir. Fermons la porte et ne laissons aucune trace. Vous ne dites *rien*. Ne lancez pas un regard, ne dites pas un mot qui pourrait vous trahir jusqu'à ce que nous quittions cette maison. Je me fiche de savoir à quel point vous êtes en colère. Ce bureau contient assez de preuves pour pendre Armstrong au moins cinq fois. Nous sommes actuellement chez lui, en infériorité numérique et à cinquante kilomètres de la ville.

— Dites-moi que vous n'êtes pas sérieux.

— Vous croyez que je ne le suis pas ? siffla Da Silva. Haute trahison ? Secrets d'État ? Lafayette retrouvé dans le fleuve après avoir demandé de l'aide ? Oh, bon sang ! Quand vous ont-ils invité, Curtis ? Avant ou après que Lafayette soit venu vous parler ?

— Après, répondit-il en ressentant soudainement des picotements inquiétants. Mais Sir Hubert était à l'école avec mon oncle, Sir Henry. Cela ne m'a pas semblé étrange…

Sauf qu'il s'était dit en recevant l'invitation qu'il s'agissait d'une sacrée coïncidence.

— Pensez-vous qu'ils m'aient fait venir pour savoir ce que Lafayette m'avait dit ?

— Je ne sais pas. Il y a autre chose. Lafayette n'est pas le seul homme à avoir été retrouvé dans la Tamise après avoir reçu un coup sur la tête.

— Pardon ?

— Il y a eu une autre victime. Il était énervé. Il hésitait à tout révéler et à apporter les preuves du chantage aux autorités. Puis il a disparu. Son corps a été retrouvé quelques jours plus tard dans le fleuve, le crâne fracassé. Selon le légiste, c'était un vol de rue qui a mal tourné.

— Mon Dieu. Vous pensez que…

— Oui, répondit amèrement Da Silva. Lafayette et une victime de chantage dans le fleuve ? Deux autres hommes disparus ? Est-ce crédible de dire que ce sont des coïncidences ?

— Non, affirma gravement Curtis. Ce n'est pas crédible.

— Je pense que les Armstrong ont tué des gens pour protéger leurs secrets et nous devons supposer qu'ils sont capables de tuer à nouveau. Si ces informations sortent de cette pièce, ils se défendront. S'ils découvrent ce que nous savons, ils n'auront d'autre choix que de nous faire taire. Tant que nous sommes dans cette maison, ils ont toutes les cartes en main. Si vous ne vous taisez pas, nous sommes tous deux des hommes morts.

Curtis fronça les sourcils.

— À votre avis, combien de personnes devrions-nous affronter ? Juste les Armstrong ou…

— Certains domestiques également. Je ne vois pas comment le stratagème pourrait fonctionner sans aide extérieure. Impliquer trop de monde serait risqué mais…

— Vous savez, plusieurs jardiniers sont d'anciens soldats, dit Curtis.

— Je l'ignorais, répondit Da Silva, que cette nouvelle ne réjouit manifestement pas.

— Le fils aîné de Sir Hubert, Martin, est mort pendant la première guerre des Boers. Sir Hubert a engagé autant d'hommes de sa compagnie qu'il a pu. Nous en discutions justement hier.

Nostalgique, Sir Hubert avait longuement parlé de son regretté fils, cet homme intelligent qu'il aimait tant et qui était devenu un héros pour lui. Comme si les hommes de Jacobsdal n'avaient pas de pères pour les pleurer.

— La pension militaire n'est pas très élevée. Le poste de jardinier est mieux que celui d'employé à l'usine. Ce sont des hommes entraînés qui sont vraisemblablement loyaux à leur supérieur. Mais de là à tuer pour lui…

— Je suggère que nous évitions de le découvrir maintenant, dit Da Silva en grimaçant. Ne nous faisons pas prendre.

— Je vous préviens, je ne suis pas doué pour faire semblant.

— Alors progressez dans ce domaine. Nous devons faire parvenir ces documents aux autorités et nous ne pouvons pas faire cela depuis une tombe creusée en dessous des séquoias. Vous devez agir normalement jusqu'à ce que nous quittions cet endroit. Jouez au billard avec James Armstrong, parlez de l'armée avec Sir Hubert.

— J'ai été invité pour une quinzaine de jours. Je ne peux pas rester deux semaines dans ce nid de vipères. Pas avec…

Il ne pouvait pas manger ni parler ni sociabiliser avec l'homme qui avait assassiné ses camarades. Cette idée lui était insupportable. Il se sentait souillé rien qu'en y pensant.

Da Silva le dévisageait intensément.

— Vous n'aurez pas à faire cela. Je vous ferai sortir d'ici aussi vite que possible sans éveiller les soupçons. Laissez-moi faire, Curtis. Je trouverai un moyen.

Curtis acquiesça. Il se sentait absurdement reconnaissant du soutien implicite qu'il lisait dans le regard de Da Silva.

— Je… C'est… Merci.

— Remerciez-moi quand je nous aurai sortis de là. Nous en reparlerons demain, nous sommes déjà restés ici trop longtemps, dit Da Silva en refermant le dernier tiroir.

Il verrouilla les loquets avec les tiges métalliques et remit sa lampe torche dans sa poche.

— Allons-y.

Curtis tourna la poignée et ouvrit la porte. De l'autre côté, le câble maintenant la connexion se détacha du mastic et de la plaque en métal. La bibliothèque fut instantanément éclairée par une lueur bien trop intense pour des yeux adaptés au manque de lumière. Quelque part dans la maison, une cloche sonnait faiblement.

Chapitre Cinq

— Merde !

Curtis pouvait à peine croire ce qu'il venait de faire.

Da Silva resta figé une seconde puis il poussa son partenaire dans la bibliothèque, le suivit et referma la porte de la salle de stockage derrière eux.

— Cachez la lanterne derrière les livres de cette étagère. Dépêchez-vous.

— Ne devrions-nous pas courir ?

— Ne discutez pas.

Da Silva attrapa le câble et le mastic dans l'embrasure de la porte et les mit dans sa poche. Il s'attaqua ensuite à la serrure avec ses tiges métalliques et une minutie exaspérante.

— Enlevez votre pull. Jetez-le sur cette chaise. *Maintenant.*

Curtis sentit le rouge lui monter aux joues non seulement à cause de la honte mais aussi de la colère qu'il ressentait contre lui-même. Il s'exécuta et remit sa robe de chambre par-dessus son torse nu, en suivant les indications déconcertantes de Da Silva. On entendait des bruits de pas précipités se rapprocher. Plusieurs hommes accouraient à grands pas.

— Venez ici. Vite.

Da Silva se redressa et tourna le dos à la porte du bureau. Lorsque Curtis s'approcha, il dit avec insistance :

— Ne me frappez pas !

— Qu…?

Da Silva plongea les mains sous la robe de chambre de Curtis, l'attira contre lui et l'embrassa sur les lèvres.

Ce dernier n'eut aucune réaction pendant une minute. Son esprit bouillonnait déjà à cause de la précipitation, de la panique, de la colère contre lui-même, de la rage contre son traître d'hôte, de l'heure tardive et de la confusion. Puis de nouvelles sensations s'y ajoutèrent : une bouche collée à la sienne, une main derrière sa tête lui tirant les cheveux et l'obligeant à pencher vers l'avant, une barbe de quelques jours se frottant à sa peau. Il se figea complètement. Da Silva donna un coup de pied vicieux dans la cheville de Curtis. Celui-ci tomba à moitié et dut prendre appui sur lui. La lumière principale de la pièce s'alluma et irrita ses yeux par son intensité.

Da Silva le repoussa si durement qu'il tituba. Il se retourna et se retrouva face à trois fusils de chasse.

Son instinct de combattant essaya de prendre le dessus mais il était affreusement conscient qu'il n'avait pas d'arme et qu'avec son complice, ils étaient en infériorité numérique. Tendu, il évalua la menace.

Trois hommes en chemise de nuit. L'un n'était autre que le beau valet, Wesley. Quant aux deux autres, ils étaient plus vieux et portaient l'immanquable marque des soldats. Ils avaient tous une arme posée sur l'épaule. Il s'agissait là du dernier modèle Armstrong de fusil de chasse extrêmement résistant. Ils visaient tous les trois Curtis. Les plus vieux lui accordaient toute leur attention mais Wesley regardait par-dessus son épaule. Ses yeux s'écarquillèrent et il refoula un sourire.

Ils se fixèrent pendant des secondes interminables. Curtis remarqua qu'ils n'avaient pas l'intention de tirer.

— Posez ces fusils, ordonna-t-il. Je sais que vous faites simplement votre travail mais vous n'avez pas besoin de ça. Mr Da Silva et moi étions juste… dit-il en regardant autour de lui.

Il fit un geste vers Da Silva et les mots moururent dans sa gorge.

Ce dernier était adossé à la porte, les hanches inclinées vers l'avant de façon provocante. Ses yeux étaient à moitié fermés, ses cheveux partaient dans tous les sens et ses lèvres, légèrement ouvertes, étaient aussi rouges que si l'on venait de l'embrasser profondément. Sa robe de chambre en soie était ouverte et laissait apparaître son torse nu. Curtis ne put s'empêcher de remarquer ses tétons foncés dont l'un… oh mon Dieu. L'un était percé d'un anneau argenté.

Il semblait incroyablement décadent. On aurait dit que quelqu'un était sur le point de lui faire l'amour, là, contre cette porte, et qu'il n'attendait que ça.

Les domestiques avaient évidemment deviné qui était ce *quelqu'un*.

Curtis sentit le rouge lui monter aux joues et il s'obligea à détourner le regard vers les armes.

— Posez-les.

Il réussit à parler avec une pointe d'autorité.

— Nous vous prions de nous excuser, messieurs, répondit froidement l'un des plus vieux en baissant légèrement son fusil pour qu'on ne dise pas qu'il visait un invité.

Curtis était rassuré.

— Une alarme s'est déclenchée. Monsieur, étiez-vous appuyé contre cette porte il y a quelques instants ?

— La porte, répéta Da Silva avec son sourire mystérieux. Oui… Oui, peut-être que je me suis un peu appuyé. C'est ce qui a déclenché l'alarme ?

— Possible. Si vous étiez complètement affalé dessus, monsieur.

— Ou si quelqu'un d'autre l'était, ajouta Wesley en souriant et en baissant son arme.

L'homme grisonnant grogna doucement en signe d'avertissement. Le sourire de Wesley s'évanouit.

— Excusez-moi, Mr March, marmonna-t-il en visant à nouveau les deux intrus.

Curtis voulut lui ordonner de poser immédiatement son fusil mais il pensa alors qu'il n'avait aucun plan si jamais le valet ne lui obéissait pas.

— Ce n'est qu'un malheureux incident, dit-il à la place.

Il essayait de rentrer dans le petit jeu aussi brillant qu'improvisé de Da Silva mais il n'arrivait pas bien à parler. L'embarras l'étouffait alors que son partenaire torse nu apparaissait toujours dans son champ de vision.

— Désolé d'avoir causé des ennuis, ajouta-t-il.

— Monsieur, répondit March d'un air impassible. Veuillez m'excuser.

Il s'avança jusqu'à la porte de la pièce de stockage et baissa son arme tout en restant sur ses gardes. Il ne prit pas la peine de s'excuser quand Da Silva dut s'écarter de son chemin. Les deux autres restaient en position, les armes toujours levées.

March essaya d'ouvrir la porte, vérifia qu'elle était verrouillée et inspecta les contacts électriques en fronçant les sourcils.

— Cela n'aurait pas dû déclencher l'alarme.

Il appuya doucement sur la porte puis poussa plus fort.

— Les câbles ne sont pourtant pas lâches. Pourquoi la cloche a-t-elle sonné ?

March se retourna pour faire face à Curtis.

— Il n'y a personne d'autre ici, n'est-ce pas, monsieur ?

— Je dirais qu'il y a une quantité suffisamment généreuse d'êtres humains dans cette pièce, dit Da Silva d'un ton léger et moqueur sans aucune trace de honte ou de culpabilité. Je dirais même qu'il y a trop de monde, c'est pourquoi je vais m'en aller. Je vous prie de nous excuser pour vous avoir tirés du lit.

Il gratifia Wesley d'un bref battement de cils.

— Je retourne dans ma chambre. Ou dans celle de

quelqu'un d'autre, d'ailleurs. Venez, mon cher, dit-il à l'attention de Curtis avec un sourire tentant.

March le dévisagea mais il l'ignora avant de faire un petit signe de tête aux deux subalternes.

— Wesley, Preston, assurez-vous que ces messieurs trouvent leur chemin.

Da Silva tapota le bras de Curtis pour l'inciter à se mettre en marche puis il le guida le long du couloir et dans les escaliers. Il roulait des hanches de façon scandaleuse. Tout en le suivant, Curtis avait senti le regard suspicieux de March les suivre jusqu'à ce qu'ils quittent la bibliothèque. Les deux autres les accompagnèrent dans les escaliers et dans le couloir, le long des vitrines garnies d'oiseaux morts en guise de trophées de chasse. Il percevait presque physiquement les armes pointées dans son dos sans défense. Les poils sur sa nuque étaient hérissés.

Les domestiques s'arrêtèrent à l'entrée du couloir est. Ils continuèrent de surveiller les deux hommes jusqu'à ce qu'ils atteignent deux chambres adjacentes. Curtis ouvrit la porte et alluma la lumière.

Da Silva le poussa à l'intérieur et referma la porte d'un coup de talon. Il se lança à voix basse dans un examen peu flatteur de l'intelligence de Curtis ainsi que de ses capacités, de ses goûts en matière de sexe et de sa filiation. Pour un poète, il avait plutôt le vocabulaire d'un marchand des quatre saisons.

— Je sais, rétorqua Curtis quand Da Silva n'eut d'autre choix que de s'arrêter pour respirer. Je suis un idiot. J'avais oublié l'alarme. Sans votre esprit vif, nous nous serions fait prendre.

— Nous ne sommes pas encore sortis d'affaire. Écoutez.

Curtis s'exécuta. Il y avait des bruits étouffés de mouvement mais pas au niveau de la porte. L'agitation venait de derrière le mur opposé au lit, celui sur lequel était accroché le miroir. Le couloir secret. Il entendit un léger grattement.

— Ils sont venus pour regarder, l'informa Da Silva d'une voix basse et tendue. Je ne suis pas certain que March m'ait cru. Vous êtes trop viril. Eh merde !

Curtis serra les dents. C'était lui qui les avait mis dans cette situation, c'était lui qui les en sortirait. Il tourna le dos au miroir pour qu'on ne puisse pas lire sur ses lèvres puis dit à voix basse :

— Si nous devons nous battre, j'ai un Wembley dans mon armoire. Êtes-vous armé ?

— Je ne me sers pas de revolver. Pensez-vous pouvoir nous sortir de là ?

Deux hommes armés les regardaient et un autre les attendait en bas. Son revolver était rangé et non chargé. S'ils arrivaient à sortir de la maison sans être poursuivis, ils devraient marcher au moins cinquante kilomètres. Sans compter que Da Silva n'était pas le partenaire qu'il aurait choisi pour se battre ni pour fuir.

— La chance n'est pas de notre côté, admit Curtis. Mais si nous devons y venir…

— Alors, nous serons perdus. Nous devrions nous échapper mais les preuves seront détruites.

Da Silva hésita puis ajouta :

— Oh et puis, tant pis. Allez sur le lit.

— Pardon ?

Da Silva enroula un bras autour du cou de son complice et le gratifia d'un sourire provocateur. Il passa un pied derrière sa cheville et le jeta un arrière. Curtis tituba et retomba lourdement sur le matelas.

Un froissement de tissu se fit entendre lorsque Da Silva jeta sa robe de chambre. Il était planté là, torse nu, le petit anneau argenté brillant contre son téton.

— Que diable faites-vous ?

— Souriez, quelqu'un vous regarde, dit Da Silva en s'agenouillant.

Il tira sur la robe de chambre de Curtis et la fit glisser sur ses épaules.

— Essayez d'apprécier le moment, je me charge de tout.

— Le moment ? répondit Curtis d'une voix rauque. Que...

— S'ils pensent que nous avons fait semblant et que nous étions dans ce foutu bureau, nous sommes tous deux des hommes morts.

Il fit glisser sa bouche sur le cou et l'oreille de son compagnon.

— Alors nous devons les convaincre, vous comprenez ? Ou alors...

Il traça du doigt un petit chemin le long du torse de Curtis.

— Ou alors, vous pouvez rester là, sans bouger, jusqu'à ce qu'ils décident finalement que vous ne m'avez pas embrassé dans cette bibliothèque et qu'ils reviennent avec leurs fusils.

Da Silva leva la tête et l'inclina dans un angle suggestif.

— Vous avez une meilleure idée ? Moi, je n'en ai pas.

Curtis n'en avait pas non plus tout simplement parce que les mains de Da Silva étaient maintenant posées sur sa taille. Un grognement se coinça dans sa gorge.

— Une bouche n'est qu'une bouche, siffla Da Silva. Vous avez fait ça à l'école, non ? Faites semblant d'être de retour à Eton[9].

— Vous ne pouvez pas faire ça !

— Proposez-moi une alternative.

Curtis n'en avait aucune. Son partenaire était agenouillé devant lui et lui lançait un regard sérieux, son anneau grotesque scintillant quand il inspirait et expirait. Quant à ses mains, elles planaient au-dessus du pantalon de Curtis, gonflé au niveau de l'entrejambe.

— Alors ? lui demanda Da Silva.

---

9   École privée réservée aux garçons de treize à dix-huit ans.

Curtis secoua très légèrement la tête. Il ne savait même pas ce qu'il était en train de refuser.

— Alors, allongez-vous et pensez à l'Angleterre[10], répliqua son complice en tirant sur son pantalon.

Curtis se souleva un peu pour lui permettre de l'enlever. Il ferma les yeux en sentant les mains de Da Silva sur les boutons de son caleçon puis caressant doucement le bout de son membre.

— Oh mon Dieu.

— Détendez-vous. Je ne vous mordrai pas.

Curtis sentit son membre disparaître dans une chaleur humide.

Il ouvrit brusquement les yeux et se vit parfaitement grâce à ce miroir judicieusement installé. Il avait les joues rouges, les jambes écartées et un homme mat était agenouillé devant lui, la tête penchée.

Quelqu'un était derrière ce miroir et les regardait.

— Je ne peux pas, rétorqua-t-il.

Da Silva soupira d'exaspération.

— C'est moi qui me charge du sale boulot. Contentez-vous de fermer les yeux.

Curtis en était incapable. Il fixait le miroir. Il aurait dû penser à ce qui se passait de l'autre côté du mur mais il était électrisé par le contraste entre les douces lignes qui marquaient la peau olivâtre de Da Silva et son propre torse, pâle, recouvert de poils d'un blond foncé et souligné par de puissants pectoraux. La bouche de son partenaire s'affairait frénétiquement sur son érection. Sa langue s'enfonçait, s'enroulait et léchait. Il était impossible de penser à autre chose.

Cela n'avait rien à voir avec l'expérience baveuse qu'il avait connue à l'école ni avec les mouvements maladroits

---

10 L'expression anglaise, « lie back and think of England » remonte au début du vingtième siècle. À cette époque, les mères expliquaient à leurs filles récemment mariées qu'elles pouvaient supporter le fait d'avoir des relations intimes en se disant que l'enfant issu de cette relation serait bénéfique pour le pays (en devenant soldat, médecin, etc).

qu'il avait connus à l'université. La barbe légère sur les joues de Da Silva lui irritait légèrement les cuisses. Sa langue malicieuse parcourut vigoureusement le bout de son membre puis toute sa bouche se mit au travail. Les lèvres de son compagnon glissèrent le long de son sexe et le laissèrent s'enfoncer jusqu'à sa gorge.

Curtis poussa un bruit bestial. C'était obscène et stupéfiant. Il se demandait comment Da Silva faisait pour ne pas s'étouffer. Il se pencha en arrière et regarda cette tête brune. Son partenaire lui avait dit d'être convaincant alors Curtis glissa les doigts dans les cheveux brillants de son partenaire. Il se montra d'abord timide, puis les empoigna plus franchement. Il percevait les mouvements des joues et de la gorge de Da Silva. Ce dernier se frotta au gant en cuir de Curtis comme un chat. D'ailleurs, Da Silva émit un ronronnement qui se répercuta sur la chair de Curtis et qui résonna dans ses veines. Il se mordit la lèvre.

Sois convaincant. Il commença à faire bouger ses hanches, presque contre sa volonté. Il s'enfonça dans cette bouche aussi taquine et jolie qu'obscène. Da Silva lui caressait les flancs et continuait à le prendre en bouche, serrant et suçant, de haut en bas. Curtis oublia leurs observateurs, Lafayette et tout le reste. Il ne sentait rien d'autre que la bouche chaude de son partenaire, il ne voyait rien d'autre dans le miroir que l'ombre d'un ange sombre agenouillé entre ses jambes. Il s'enfonça plus brusquement et s'agrippa aux cheveux de Da Silva pour le garder près de lui. Celui-ci gémit – de plaisir, apparemment – et enfonça la main dans les cuisses de son complice. Il encaissait les coups de hanches sans reculer. Mon Dieu, il aimait ça. Il aimait l'avoir en bouche…

Curtis sentit une tension dans ses testicules qui arrivait bien trop tôt à son goût. Il se souvint vaguement de ses bonnes manières.

— Je vais jouir… dit-il d'une voix rauque.

Da Silva éloigna sa bouche et Curtis n'eut qu'une

seconde pour regretter sa galanterie. Son partenaire saisit une nouvelle fois son membre entre ses lèvres en un seul mouvement et envoya des vagues de sensations s'écraser contre son corps.

— Bon Dieu, Da Silva, arrêtez, vous allez tout recevoir dans la bouche !

Il accéléra les mouvements et grogna avant de refaire ce truc avec sa gorge. Ses muscles se serraient et se desserraient puis Curtis atteignit l'orgasme dans un cri sourd. Il agrippa violemment la tête de Da Silva sans se demander si celui-ci pouvait s'étouffer. Ses hanches bougeaient frénétiquement alors qu'il se laissait peu à peu aller.

Il relâcha les cheveux et sentit du liquide sur sa main gauche. Il retomba sur le lit, sidéré. Entre ses jambes, il entendit l'homme agenouillé déglutir.

Curtis regardait fixement le plafond.

Da Silva se leva, alla se servir un verre d'eau sur la table de nuit et se rinça la bouche.

Le lit grinça alors qu'il vint s'asseoir à côté de son partenaire sans le toucher.

— Tout va bien ?

Curtis ne savait pas s'il allait bien. Il regarda son complice. Ses cheveux noirs étaient ébouriffés, emmêlés et retombaient sur son front si bien qu'il n'avait plus l'air élégant ni maître de lui-même. Il semblait plus fruste, plus vrai, plus détendu grâce à cette intimité. Ses lèvres étaient gonflées sous l'effet de l'excitation ou de la tension. L'anneau métallique brillait contre un téton tendu et durci.

S'attendait-il à ce que Curtis lui fasse la même chose ?

— On dirait que vous allez faire une crise cardiaque, remarqua Da Silva. Je ne sais pas si je dois en être flatté ou vexé.

Leur situation frappa Curtis en pleine tête et il s'extirpa de la folie qui les avait envahis quelques minutes plus tôt.

— Mon Dieu, siffla-t-il. Vous ne comprenez pas… Ils ont pris des photos !

Il se releva et attrapa sa robe de chambre. Il avait désespérément besoin de se couvrir.

— Non, sans rire ? répliqua l'autre en roulant des yeux. C'était le but.

— Nous pourrions tous les deux être arrêtés[11], cracha-t-il.

— Je préfère être arrêté plutôt que mort. Pour l'amour de Dieu, ne paniquez pas. Nous étions sur le point de nous envoyer en l'air en cachette dans la bibliothèque. Nous ne savions pas qu'ils allaient photographier cette petite scène. Donc, nous ne connaissions pas leurs intentions. *Donc* c'était une fausse alerte. Nous sommes tirés d'affaire tant que vous n'éveillez pas les soupçons en piquant une colère.

Da Silva le gratifia d'un sourire en coin.

— Vous n'avez pas à me remercier.

Curtis n'arrivait pas à croire ce qu'il venait de dire.

— Et s'ils se servent des clichés contre nous ? S'ils les présentent à la police ?

Nom de Dieu. Cinq minutes dans la bouche de cet homme lui vaudraient deux ans pour outrage à la pudeur.

— Ce sont des maîtres-chanteurs, idiot. Ils n'appelleront pas la police. Je dois juste récupérer les pellicules et c'est tout.

Curtis était exaspéré de voir son complice si imperturbable.

— Calmez-vous, ce n'est rien.

— Ce n'est rien ? Être pris sur le fait dans une situation horriblement compromettante ne vous dérange peut-être pas mais…

— Je préfère ça plutôt que d'être pris la main dans les dossiers de mon hôte, dit-il plus tendu. Laissez-moi vous rappeler que nous sommes dans cette situation par votre faute. C'est vous qui avez fait une erreur en tirant sur le câble.

— Bon sang, je le sais bien !

11   L'homosexualité masculine est restée illégale au Royaume-Uni jusqu'en 1967.

— Parlez à voix basse, siffla Da Silva. Avant de me hurler dessus pour avoir souillé votre corps inviolé avec mes sales manières, pourriez-vous me dire comment nous aurions pu écarter tous les soupçons qui pesaient sur nous à cause de votre stupidité ?

Curtis était certain de ne jamais avoir prononcé ce genre de choses et il n'appréciait pas que son partenaire lui incombe de fausses paroles. Mais il n'était pas en mesure de lutter sur deux fronts.

— Et comment diable pouvez-vous dire que nous sommes en meilleure posture maintenant ?

— Nous n'avons reçu aucun coup sur la tête et nous n'avons pas été enterrés sous les séquoias.

— J'aurais mieux fait de l'être ! dit-il en luttant pour parler à voix basse. C'est peut-être votre genre de poser pour des photographies obscènes, mais…

— Pauvre de vous. Ça a dû être horrible, répondit Da Silva d'un ton empreint d'une fureur glaciale. Vous êtes un martyr. En revanche, vous sous-estimez vos capacités à faire semblant. J'aurais juré que vous aviez supporté ce problème détestable sans trop souffrir.

Il lui lança un sourire vicieux.

— Après tout, vous avez eu un orgasme.

C'était sacrément grossier de sa part.

— Mais c'est à cause de vous que j'ai eu un orgasme ! rétorqua son partenaire.

Il comprit à quel point sa phrase était idiote.

— Eh bien, je vous prie de m'excuser pour m'être imposé de cette façon, rétorqua Da Silva en se levant. La prochaine fois, crochetez vous-même les serrures, résolvez vous-même les mystères et sucez vous-même votre érection. Bonne nuit, Mr Curtis.

Ce dernier le regarda alors qu'il sortait.

Après être resté assis sur son lit un bon moment sans rien faire, il se prépara à dormir avec des gestes automatiques. Il essaya de ne pas regarder dans le miroir, de ne pas y penser, de ne pas entendre les bruits qui s'échappaient du couloir. Bien évidemment, ils venaient forcément de Da Silva.

Il éteignit les lumières et s'allongea dans le lit en regardant l'obscurité.

Il avait été obligé de le faire. Il n'y avait aucun doute sur ce qu'ils avaient trouvé ou sur la détermination des Armstrong à garder leurs secrets. Les hommes de Sir Hubert les avaient regardés, suspicieux. Alors Curtis et Da Silva avaient dû trouver quelque chose. Jamais Curtis n'aurait pensé à cette solution. Mais puisqu'il n'avait eu aucune autre idée, il pouvait difficilement s'en plaindre.

Évidemment, il ne pouvait pas faire croire que cela avait été une épreuve pour lui. Il dut avouer qu'il avait apprécié ce moment. Mais qui ne l'aurait pas aimé ? Tous les hommes auraient ressenti le même plaisir, il en était certain. Tous les hommes auraient eu un orgasme après l'étonnant traitement que lui avaient administré cette gorge chaude et tendue ainsi que cette langue exploratrice. Surtout un soldat qui aurait été privé de galante compagnie pendant si longtemps. Un humain avait des besoins et Da Silva savait comment les satisfaire.

Il était certain que celui-ci avait également pris du plaisir. Ces bruits qu'il avait laissé échapper, ces ronronnements et ce petit gémissement. Est-ce que cela changeait quelque chose ? Est-ce que cela rendait cette relation plus... homosexuelle ?

Certainement pas. Que Da Silva y eût pris ou non du plaisir ne faisait aucune différence pour lui. Cet homme était peut-être un dandy, mais derrière le maniérisme et la carapace solide hérissée d'épines, semblait se cacher quelqu'un de bien. Curtis n'aurait pas voulu que Da Silva trouvât cet acte immonde.

D'ailleurs, en y pensant, Curtis se dit que les choses auraient mal tourné si Da Silva n'avait pas été homo.

Qu'auraient-ils fait ? Curtis aurait-il dû s'agenouiller devant son partenaire pour lui faire une gâterie ?

Son esprit divaguait, il avait besoin de dormir.

Depuis son arrivée, il n'avait eu que des nuits agitées. Il n'aurait pas la force de rester éveillé. Les années de campagnes militaires lui avaient appris à se vider la tête, peu importaient toutes les inquiétudes qu'il avait pu avoir dans la journée. En s'endormant, il ne pensa qu'à une seule chose, et ce n'était pas au contenu du bureau ni aux événements qui avaient suivi. Il se souvenait de la caresse intime du visage de Da Silva contre son gant en cuir.

Chapitre Six

Le matin suivant fut pluvieux.

Curtis s'assit avec les autres invités à la table du petit déjeuner. Da Silva, lève-tard sans vergogne, était absent. Il en était heureux. Il fallait évidemment qu'ils parlent. Ils devaient trouver un moyen de faire parvenir les informations à une personne qui les écouterait et agirait. Curtis savait bien qu'il devait arranger les choses après le drame de la nuit précédente mais il n'était pas désolé de devoir remettre cela à plus tard. Difficile de regarder un homme dans les yeux après lui avoir joui dans la bouche.

Tenir une conversation polie avec les Armstrong était déjà assez compliqué.

Les domestiques avaient certainement raconté à leurs maîtres les événements de la nuit précédente. L'un des Armstrong, si ce n'est les trois, savait ce que Da Silva et lui avaient fait. Cette pensée le gêna. Bien évidemment, ils feraient comme s'ils n'en savaient rien. Si jamais ils avaient l'intention d'en parler, ce serait pour lui extorquer de l'argent. Curtis était déterminé à régler cette affaire au plus vite. Ce serait un réel soulagement. En revanche, les Armstrong pouvaient également maintenir un simulacre de normalité. Mais même l'hôte le plus accommodant reprocherait à ses invités de déclencher une alarme par leur comportement indécent et illégal dans une bibliothèque. Si Sir Hubert décidait de lui en toucher deux mots, Curtis devrait le supporter et même s'excuser.

En rejoignant les autres pour le repas, Curtis avait maudit Da Silva. Il s'était préparé mentalement à l'humiliation mais se rendit compte que les règles tacites consistant à feindre l'ignorance s'appliquaient dans ce manoir. Sir Hubert fut chaleureux et Lady Armstrong, incroyablement vive lorsqu'elle fit semblant de se lamenter sur le mauvais temps. Lambdon et James Armstrong parlaient comme deux Anglais courtois.

Ils étaient tous si agréables que la nuit précédente prenait une dimension de plus en plus onirique au fur et à mesure qu'il mangeait. Il n'arrivait pas à concilier cette compagnie charmante avec ce cabinet infect qui répandait la trahison, la tromperie et la mort. Il arrivait à peine à croire aux événements de la nuit précédente. Sauf que son gant luisait toujours à l'endroit où il avait attrapé les cheveux recouverts de brillantine de Da Silva.

Ce dernier arriva à la moitié du repas. Ses yeux creusés étaient entourés de cernes noirs caractéristiques d'une nuit sans sommeil. En revanche, il était parfaitement habillé et avait soigneusement coiffé ses cheveux à la brillantine. Curtis aurait aimé qu'il n'en eût pas mis. L'image d'un Da Silva échevelé lui revint en mémoire. Il la chassa d'un clignement d'yeux.

Il fit un signe de tête maladroit pour le saluer et ne reçut en retour qu'un visage impassible.

— Mr Da Silva, l'interpella Lady Armstrong de son ton cristallin. Je disais aux autres invités que si le temps s'améliore cet après-midi, nous pourrions aller nous promener dans les grottes calcaires. Elles ne sont qu'à quelques kilomètres d'ici et sont vraiment spectaculaires. Je suis certaine qu'elles vous inspireront.

— Je me dois de décliner. Je hais les souterrains et mon travail éditorial m'appelle. Profitez bien de cette exploration.

Da Silva se servit du hareng fumé. Il n'était apparemment pas au courant que l'on ne devait pas contrarier une dame et encore moins celle qui nous accueillait. Curtis salua cette marque de pure effronterie. Les hommes échangèrent un regard qui disait clairement qu'ils s'attendaient à cette réaction de la part du dandy.

— En attendant, vous pouvez aller dans la salle de jeux, poursuivit Lady Armstrong. Jeux de cartes et billard vous y attendent. Si le temps reste tel qu'il est, nous pourrions même organiser un petit jeu de mimes ?

— Oh, magnifique, répondit Miss Carruth avec enthousiasme. J'adore les jeux de mimes.

Curtis ne put s'empêcher de jeter un coup d'œil à Da Silva. Il mangeait le poisson fumé avec la délicatesse d'un chat, tel un homme qui ne pensait à rien d'autre qu'à éviter les arêtes.

Rien à dire, il mimait très bien l'indifférence.

Après le petit déjeuner, Curtis, Grayling et Holt se rendirent à la salle de billard, entraînant apparemment Da Silva dans leur sillage. James Armstrong et Lambdon s'étaient éclipsés avec Miss Carruth et Mrs Grayling qui pouffaient toutes les deux de rire avec leur air de séductrice. Lady Armstrong les avait regardés partir avec un sourire un peu trop figé, de l'avis de Curtis.

— Vous jouez, Da Silva ? demanda Holt, sceptique.

L'intéressé ne releva pas le ton employé. Il se contenta de répondre :

— Moins bien qu'avant. Mais je me souviens des règles.

— Qui joue contre moi ? s'enquit Holt.

— Moi, répondit hâtivement Grayling.

Il ne voulait pas se retrouver contre la mauvaise personne.

— Alors cela se passe entre vous et moi, dit Curtis à l'attention de Da Silva.

— Pouvez-vous jouer avec ça ? répondit ce dernier en désignant la main gantée de Curtis qui mettait de la craie sur la queue de billard.

— J'ai beaucoup d'entraînement. Ne vous inquiétez pas, vous n'aurez pas d'avantage.

Il fit une bonne casse et se redressa, satisfait de son coup.

— Je n'en serais pas si sûr si j'étais vous, dit Da Silva en empochant deux billes.

Curtis recula, d'abord surpris puis respectueux du jeu du dandy. Ses mains étaient aussi adroites avec une queue de billard qu'avec les tiges métalliques. Il fit le tour de la table avec grâce pour évaluer le jeu. Il se préparait au prochain coup à chaque fois qu'il faisait entrer une bille. Curtis, assez bon joueur mais peu stratège, le regardait avec une admiration sincère.

Da Silva se pencha en avant pour un coup plus compliqué. Une mèche de cheveux noire tomba sur ses yeux et il la balaya d'un coup de tête. Ils étaient tous en gilets et en bras de chemises. Les manches de Da Silva étaient relevées et laissaient apparaître une peau foncée. Il était penché sur la table, dans une position qui tendait ses vêtements sur son corps fin et élégant. Le pantalon moulait un postérieur ferme et de belles formes. Ses lèvres étaient légèrement ouvertes sous l'effet de la concentration. Curtis fut frappé par une image : lui, s'allongeant sur la table et enfonçant son érection dans cette bouche tentante.

Il entendit sa propre respiration s'accélérer. La tête de Da Silva se releva brusquement alors qu'il frappait la bille hors de la table.

— Mince. La table est à vous, Curtis.

Il ne semblait guère agacé par ce mauvais tir. Son adversaire acquiesça sans mot dire, bâcla le tir suivant et perdit le jeu avec une marge aussi large que méritée.

— Très bien, dit Holt en les regardant. Comment vous débrouillerez-vous face à un homme qui possède ses deux mains ?

— Toujours aussi bien, répondit Da Silva avec un sourire éclatant.

— Vraiment ? Ça vous dirait de parier sur cette partie ?

— Non.

— Vous n'êtes pas si confiant que cela.

— Au contraire.

— Si nous parions quelque chose, alors je mise sur Da Silva, proposa Curtis afin de conserver une atmosphère détendue. C'est la première fois que l'on me bat à plate couture.

— Disons une livre, lui dit Holt sans dissimuler son air sarcastique. Vous ne misez pas sur vous-même ? Bien sûr, les hommes comme vous comptent chaque penny.

Da Silva plissa les yeux mais n'arrêta pas de sourire.

— Augmentez la mise, Curtis. Je dois défendre votre honneur.

— Si j'étais vous, je ne le ferais pas, dit Grayling, gêné. Holt est vraiment très bon.

— Je peux m'en sortir, répondit l'intéressé avec un modeste haussement d'épaules.

— Je dirais même que vous y êtes obligé, murmura Da Silva.

— Disons cinq livres, annonça rapidement Curtis avant que quelqu'un ne change d'avis.

— Vous êtes ambitieux. J'ai honte de vous prendre votre argent. Tenez.

Holt donna une pièce à Da Silva pour qu'il tire au sort celui qui commencerait.

— N'oubliez pas de me la rendre.

Da Silva, qui s'apprêtait à lancer la pièce en l'air, la prit entre son pouce et son index avant de la laisser tomber sur la feutrine de la table.

— Allez-y, commencez.

Holt lui lança un regard hostile avant de ramasser son argent.

— Curtis, vous me paierez un verre avec vos gains, dit Da Silva en souriant.

— Quel culot, marmonna Grayling.

Curtis avait vu plus tôt que Holt était un bon joueur. À première vue, son adversaire et lui avaient le même niveau. Holt prit ce jeu très au sérieux. Il fronça les sourcils pour se concentrer. Da Silva ne fit rien pour le perturber. Il ne voulait pas être accusé de manquer d'esprit sportif. Mais sa position – main sur la hanche et tête penchée – lorsque Holt tirait aurait pu agacer n'importe quel homme au sang chaud. Curtis comprit que c'était probablement fait exprès.

L'horloge carillonna alors que la moitié des billes avaient déjà été empochées. Da Silva, sur le point de tirer dans une bille, soupira bruyamment et se redressa. Il releva sa queue de billard d'un air mélodramatique.

— C'était la sonnerie de la demi-heure ? Mon Dieu, le temps passe vite quand nous sommes en si charmante compagnie. J'ai *tellement* de travail, vous savez. La muse demande quelque sacrifice.

— Abandonnez-vous la partie ? demanda Holt.

— Non, pas du tout, quelle idée. Mais je ne peux pas traîner plus longtemps.

Il remit de la craie, se pencha à nouveau et empocha toutes les billes sans en manquer une seule.

Les Anglais le regardaient, bouche bée. Da Silva se déplaçait tel un serpent, avec des mouvements sinueux, déterminés et étrangement rapides. Il visait chaque bille sans même attendre de savoir si la précédente était tombée dans la poche. Le silence était absolu dans la pièce en dehors de la respiration caverneuse de Holt, le bruissement de la bille sur le tapis et le cliquetis de l'ivoire contre l'ivoire.

La dernière bille tomba dans la poche. Le vainqueur se releva.

— Voilà, dit-il à Holt. C'est fini. Vous n'oublierez pas de payer Curtis, n'est-ce pas ?

Il remit la queue de billard dans le présentoir, enfila son manteau avec précaution, ajusta ses manchettes et sortit.

— Eh bien, dit Grayling en brisant le silence. Franchement !

— Je le savais, répliqua Holt, rouge écarlate. Cet homme n'est qu'un escroc.

— Cela n'a aucun sens, répondit Curtis.

— Aucun sens ? Avez-vous vu cela ?

— Il se payait la tête de Holt, ajouta Grayling sans ménagement. Il aurait pu l'achever à n'importe quel moment.

— Un escroc, vous dis-je, ajouta Holt en le regardant. Ils jouent comme ça dans les salles de billard des Juifs de l'East End et…

— Peut-être bien, le coupa Curtis. Mais vous ne pouvez pas accuser un homme de vous escroquer alors qu'il a refusé de jouer pour de l'argent.

— Je ne comprends pas pourquoi diable vous prenez sa défense.

Holt semblait surpris et même un peu blessé par la défection de Curtis. Ce dernier était lui-même étonné mais les faits restaient les faits.

— Il vous a battu à la loyale et il n'a même pas gagné d'argent. C'est un très bon joueur alors nous n'avons plus qu'à être de bons perdants.

Il le laissa accuser le coup. Un mauvais perdant n'était qu'une créature méprisable. Holt pinça les lèvres.

— Voulez-vous essayer de reprendre une partie des cinq livres que vous me devez ? conclut Curtis.

Ils firent deux parties supplémentaires et Curtis perdit une bonne partie de ses gains. Cela permit à Holt de se détendre un peu mais il semblait toujours en colère. Curtis ne pouvait lui en vouloir.

D'ailleurs, il ne pouvait pas non plus en vouloir au vainqueur. Holt n'avait rien dit qui sortait de l'ordinaire et Da Silva devait être habitué à ce genres de remarques. Après tout, il en entendait bien assez. Mais Curtis avait combattu contre les Boers, une bande de fermiers mal armés qui avaient pratiquement vaincu l'Empire britannique grâce à leur fierté obstinée et il avait reconnu cette lueur-là dans les yeux noirs de Da Silva. Lorsqu'il était à l'école, il avait appris une citation latine qui lui revenait alors en mémoire. *Nemo me impune lacessit. Nul ne me provoque impunément.*

Il se faufila hors de la pièce pour chercher l'objet de ses pensées. Il le trouva dès sa première tentative : il était dans la bibliothèque. Miss Merton et Miss Carruth exploraient les étagères tandis que Da Silva, assis à un bureau, se concentrait sur son travail. Ses cheveux étaient de nouveau bien en place.

Curtis s'approcha, conscient de la présence des deux dames.

— Bien joué. Vous êtes doué.

— Grâce à des années d'entraînement, répondit Da Silva sans lever la tête.

Il avait posé deux dictionnaires devant lui et une pile de manuscrits qu'il semblait annoter. Curtis jeta un coup d'œil. L'écriture originale était illisible. Les notes que Da Silva avait ajoutées étaient faites de lettres cursives plus élaborées, malheureusement tracées à l'encre bordeaux. Curtis loucha pour lire à l'envers.

— Éditer Levy n'est pas une activité qui requiert des spectateurs, dit Da Silva en continuant de faire glisser son crayon sur la feuille.

Il ne semblait pas enclin à prêter attention au nouvel arrivant.

— Qui est Levy ?

— Le chef de file du mouvement fragmentaliste. L'un des poètes anglais les plus brillants de notre génération.

Il contempla le mot qu'il venait d'écrire avant de le rayer. Il ajouta :

— Si vous mentionnez Alfred Austin, je vais devoir vous frapper.

— Mr Da Silva ! gloussa Fenella Carruth. Mr Austin est le poète lauréat[12].

— Ce qui prouve la pauvreté artistique de cette institution affligeante.

Alors qu'il parlait, il écrivit tout en haut de la feuille, dans le bon sens pour que Curtis puisse lire : *Pavillon de jardin – une heure*. Il tapota sur les mots afin d'attirer l'attention de l'intéressé, attendit quelques secondes puis l'effaça.

— Vous serez bien gentil de me laisser terminer mon travail. La posture militaire n'est guère constructive pour ma muse.

— Désolé de vous avoir interrompu, murmura Curtis en échangeant un regard avec Miss Merton.

Il alla ensuite chercher un ciré dans la maison.

---

12 Poète nommé par la couronne britannique. Il est chargé de composer des vers pour les événements officiels.

Chapitre Sept

Lorsqu'il arriva au pavillon de jardin, il était trempé. Il avait dû effectuer une longue marche revigorante sous la pluie. Sa jambe ne le faisait pas autant souffrir que d'habitude. Les médecins avaient insisté sur le fait que sa rotule n'avait pas subi de graves lésions et qu'à ce stade, elle devait être complètement rétablie. Curtis ne s'était pas laissé convaincre jusqu'à ce moment-là. Les blessures de Jacobsdal ne pouvaient pas guérir. Mais en se rapprochant de cette tour médiévale ridicule en haut de la colline, il ne pensait plus à la douleur ni au sang sur la terre sèche. Il réfléchissait à cette vérité honteuse qui se dissimulait sous la façade paisible de Peakholme, tout comme cette chose, dans le *Vivier* de Da Silva. Il pensait également à cet homme, mince et mat de peau, qu'il s'apprêtait à retrouver.

Il entra dans le pavillon de jardin et secoua son ciré pour enlever l'excès d'eau.

— Je suis en haut, dit une voix qui fit reculer Curtis comme un cheval apeuré. Barricadez la porte.

Il abandonna son ciré sur un coffre en bois et plaça la lourde planche de chêne sur les cales en fer. On ne pouvait pas reprocher à Sir Hubert ou à son architecte de négliger les détails. Cette porte pourrait retenir une petite armée. Curtis s'engagea ensuite dans l'escalier. L'étage occupait à peu près la moitié de la largeur de la tour. Son sol en chêne était plus chaud que les dalles du rez-de-chaussée. Da Silva se tenait là, loin des fenêtres, les épaules appuyées contre un mur et les bras croisés. Il portait un pardessus avec un col en fourrure.

— Il fait plutôt chaud ici, observa Curtis en enlevant sa veste. C'est une construction solide.

— Les gens ne voudraient tout de même pas qu'une ruine soit inhospitalière, si ? Nous devrions parler de la nuit dernière.

Curtis déglutit.

— Oui.

— Le chantage et la trahison. Nous devons donner nos informations aux autorités concernées sans que personne ici ne comprenne ce que nous manigançons. Nous devons également détruire toutes les preuves des efforts que nous avons faits cette nuit-là pour dissiper les soupçons.

Dissiper les soupçons. Curtis repensa aux lèvres de Da Silva glissant sur son membre, cette langue malicieuse s'enroulant à l'extrémité, l'anneau au téton qui s'était brièvement collé à sa cuisse lorsqu'il s'était penché en avant.

— Oui.

— Tout comme vous, j'ai accepté une invitation de deux semaines.

Da Silva parlait avec son aisance habituelle. S'il était lui aussi envahi par les mêmes souvenirs sensoriels que Curtis, il n'en montra aucun signe. L'avait-il fait avec tant d'hommes qu'en ajouter un à sa liste ne lui faisait ni chaud ni froid ?

— Je préférerais ne pas attendre si longtemps pour donner l'alerte. L'un de nous doit aller transmettre nos informations dès que possible.

— J'imagine que c'est à moi de le faire.

Da Silva haussa les épaules.

— En revanche, je ne sais pas vraiment comment nous pouvons appeler à l'aide. Le téléphone du manoir est relié à une centrale ici même et l'opérateur est un domestique des Armstrong et de Peakholme.

— Vous pensez qu'ils écouteront notre conversation ?

— J'en suis quasiment certain. Envoyer une lettre ou un télégramme *devrait* être possible, mais je ne serais pas étonné qu'ils ouvrent le courrier de leurs invités. Je suis sûr qu'ils ouvriraient le vôtre et le mien dans l'espoir de trouver des aveux écrits ou les noms d'autres personnes à persécuter.

— J'imagine qu'ils en sont capables. Eh bien, l'un d'entre nous devra raccourcir son séjour ici.

— C'est notre meilleure option bien que ce soit terriblement impoli envers nos hôtes, bien évidemment.

— Je suis certain que vous pourrez supporter cette épreuve, dit Curtis.

Une lueur amusée éclaira les yeux de Da Silva.

— Je n'en doute pas.

Il hésita avant de reprendre.

— Je ne voudrais pas vous mettre dans l'embarras, mais nous devrions aborder la question des clichés compromettants qui ont sûrement été pris hier. Nous devons faire comme s'ils existaient réellement.

Curtis acquiesça. Il pouvait visualiser ces satanées photographies comme s'il les avait entre les mains. Son torse nu musclé, son visage tordu de plaisir, l'homme mince agenouillé entre ses cuisses, la tête baissée.

— Le problème n'est pas de retrouver la pellicule et toutes les photos qui en ont été tirées. C'est que si nous les effaçons, il deviendra évident que nous savons dans quoi trempent les Armstrong. S'ils le découvrent, ils devront nous faire taire ou bien ils détruiront les preuves dans le bureau, voire peut-être les deux.

Da Silva retira son pardessus et le posa avec précaution avant de reprendre :

— Il fait chaud ici, non ? Je préférerais que nous dérobions toutes les preuves d'activités illégales, les nôtres et les leurs, puis de partir sans cérémonie. Êtes-vous venu à Peakholme en voiture ?

— Non, réussit à dire Curtis en se demandant comment

son complice faisait pour lui parler avec tant d'aisance. À cause de ma main, je ne peux pas tenir le volant. Et vous, savez-vous conduire ?

— Non. Nous pourrions partir à pied, je suppose, mais j'imagine que faire cinquante kilomètres avec ce temps ne vous enthousiasme pas plus que moi. Et les hommes d'Armstrong connaissent mieux le coin, ils iront deux fois plus vite que nous.

— Le terrain est trop exposé pour cela, si c'est ce qui vous inquiète.

Enfin quelque chose de familier.

— Il est très peu couvert, ajouta-t-il. De longs passages s'étendent à la vue de tous. Avez-vous une quelconque expérience de la traque ?

Cette silhouette svelte vêtue d'une veste en velours, qui était en ce moment adossée contre le mur, ne semblait pas une adepte de la vie au grand air.

— Mon Dieu, non, frissonna-t-il. Je ne chasse pas. Bien, nous n'avons aucun moyen de sortir rapidement d'ici. Je pense que vous devriez rentrer à Londres pour avoir une petite discussion avec votre oncle Maurice. C'est son genre d'affaires. Avertissez-moi par télégramme. Je vous donnerai quelques mots anodins que nous utiliserons pour communiquer. J'aurai récupéré ces photos avant que les renforts ne débarquent.

Curtis fronça les sourcils. Da Silva avait prononcé ces mots sur un ton nonchalant, mais cela revenait au même : Da Silva, seul, risquerait de se faire démasquer par des hommes dangereux.

— Pourquoi n'iriez-vous pas plutôt à Londres ? demanda Curtis. Je peux rester.

— Vous ne savez pas crocheter les serrures.

— Vous ne savez pas neutraliser les alarmes.

— Je vous ai vu faire. Ce n'était pas un processus compliqué, vous pourriez m'apprendre.

En effet, Curtis le pourrait sans doute. Mais cela restait inacceptable.

— Je pense que le risque de se faire attaquer par les Armstrong est plus grand pour vous que pour moi, expliqua-t-il à Da Silva.

Il n'avait pas besoin d'expliquer pourquoi. Si quelque chose arrivait à un homme de bonne famille, qui plus est un héros de guerre comme Archie Curtis, des gens importants s'intéresseraient à l'affaire. Le redoutable Sir Maurice Vaizey et ce vieux guerrier, Sir Henry Curtis, ne resteraient pas là sans rien faire en attendant que leur neveu fût retrouvé, mort ou vif. Da Silva n'était pas un homme de noble naissance et n'avait aucun rang social. Il était peu probable qu'il eût des amis influents. Les Armstrong savaient que la disparition d'un Juif portugais du demi-monde n'intéresserait personne. Curtis leur demanderait des comptes, bien évidemment, mais il serait déjà trop tard.

Da Silva secoua la tête.

— Je n'en serais pas si sûr. Je pense que vous sous-estimez toute la cruauté dont ils sont capables. Et, pardonnez mon franc-parler, mais vous ne possédez pas tous les attributs nécessaires pour affronter cela.

Curtis le regardait, sans voix. Comment ce dandy efféminé osait…? Comment pouvait-il dire que…? Il prit une très grande inspiration.

— Je peux prendre soin de moi et je m'en sortirai mieux qu'une tapette qui se pavane comme un paon. *Vous* irez transmettre les informations. Parler, c'est votre talent.

— Nom de Dieu. Le soldat britannique se montre héroïquement déterminé face au destin implacable. Vous n'avez pas de revolver Gatling ici, dit Da Silva d'un ton mordant.

— Je n'ai pas peur de ces foutus Armstrong.

— Il n'est pas question ici de nous battre, mais de preuves et de la manière dont nous allons les transmettre pour que quand cette histoire sera terminée, ils soient arrêtés, mais pas nous. Si les Armstrong détruisent tout dans leur bureau avant que les autorités ne voient les documents, nous aurons échoué. S'ils utilisent leurs photos, au mieux nous ferons face à un scandale, au pire nous vivrons deux années compliquées.

— Et si l'un d'eux ou l'un de leurs hommes vous surprend à fouiner ? demanda Curtis. Qu'en est-il de la tombe creusée sous les séquoias ?

— Je dois éviter ce scénario, répondit Da Silva en grimaçant. Ce n'est pas la peine de discuter. Allez à Londres et laissez-moi gérer le reste.

— C'est cela, oui.

Curtis commença à s'éloigner d'un pas furieux.

— Si vous pensez que je suis lâche au point de me cacher dans vos jupons…

— Je vous demande pardon ?

— Mon honneur ne vaut pas le sacrifice d'un autre homme, répondit Curtis en grinçant des dents. Ce n'est pas la définition de l'honneur. Le comprenez-vous ?

— En fait, même si je ne suis qu'un simple métèque, je comprends très bien le sens du mot honneur.

Da Silva se pinça les lèvres.

— Je vous ai forcé la main hier, à moi de gérer les conséquences, ajouta-t-il.

— Je ne suis pas une satanée femme et je n'ai pas besoin que vous me protégiez contre une situation compromettante comme je ne sais quelle écervelée dans une pièce de théâtre, rétorqua Curtis en lui lançant un regard furieux. Non mais pour qui vous prenez-vous pour me donner des ordres ?

— Dieu du ciel. Ce n'est pas le moment de prouver votre masculinité.

— Quoi ?!

Il était maintenant collé à Da Silva. Le plus mince des deux hommes était coincé contre le mur. L'inquiétude brillait dans ses yeux noirs mais il n'avait pas l'intention de renoncer.

— Je suis désolé d'avoir porté atteinte à votre virilité la nuit dernière, enchaîna Da Silva. Je m'excuse de vous avoir fait une gâterie. Je me rends compte que vous préféreriez agir en héros au cœur pur après une expérience où vous vous êtes senti si émasculé. Mais je m'inquiète plus d'amener les Armstrong jusqu'à la potence que du fait que nous pourrions souffrir pendant le processus. Compris ?

Curtis s'étouffait à chaque fois qu'il essayait de dire quelque chose. Le déni et la colère repoussaient son désir de remettre ce salaud indiscret à sa place et de le faire taire. Mais pire encore, il y avait la prise de conscience suscitée par les mots vulgaires et impudiques de Da Silva. Il voulait le frapper. Il voulait l'attraper et le traîner de la même façon que celui-ci l'avait empoigné la veille dans la bibliothèque. Il n'avait aucune idée de ce qu'il ferait une fois qu'il se serait emparé de lui.

— Je *m'excuse*, siffla Da Silva.

Curtis avait davantage l'impression d'entendre un cobra du Cap qu'un homme exprimant des regrets.

— Je m'incline devant vous. Je rampe à vos pieds. Est-ce cela que vous voulez entendre ? Est-ce que cela vous aiderait si je m'agenouillais ?

Le cœur de Curtis manqua un battement. L'image qu'il visualisait dans son esprit le consumait. Il ne pouvait pas parler. Il savait que son visage le trahissait mais il n'arrivait pas à le contrôler. Il y eut un court moment de silence assourdissant.

— Ah, dit Da Silva.

Curtis avait du mal à respirer à cause de toute cette pression sur sa poitrine. Le regard de cet homme était impossible à déchiffrer. Quant à ses lèvres, elles étaient entrouvertes et proches de lui.

— Alors c'est ça ? Vous voulez que je me mette à genoux ?

C'était scandaleux. Injustifiable. Il n'avait plus aucune excuse. Le membre de Curtis était aussi dur qu'un canon d'arme à feu et il était quasiment certain que Da Silva le savait.

Ce dernier s'écarta du mur pour se retrouver à quelques millimètres du visage de Curtis. Son corps était quasiment collé au sien.

— À une condition, Curtis. Si je le fais, c'est parce que vous en avez envie. Vous me l'avez demandé. Ne m'accusez pas de vous avoir forcé, de vous avoir fait des choses contre votre gré.

Curtis protesta d'un bruit inarticulé rien qu'en y songeant. Les yeux de Da Silva étaient plongés dans les siens.

— Je le pense vraiment. Si une gâterie peut soulager votre masculinité blessée, alors dites-le.

Curtis ne savait pas pourquoi Da Silva l'accusait de ne plus se sentir homme. Il ne s'était pas senti aussi viril depuis des années. En plus de ses doigts, de sa carrière et de ses amis, Jacobsdal l'avait également privé de tout désir. Pendant tout ce temps, il avait rarement réuni assez d'énergie pour se soulager de sa main gauche. Et voilà qu'il regardait fixement ces lèvres entrouvertes en sachant parfaitement ce qu'elles pouvaient faire. Il avait l'impression que Da Silva avait fait exploser un barrage et qu'un torrent grondant serpentait le long d'une tranchée asséchée.

Mais Curtis n'était pas poète alors il ne dit rien.

— Dites-moi ce que vous voulez, ordonna Da Silva d'une voix tendue, le souffle court.

— Je veux… Je veux que vous le fassiez.

— Que je fasse *quoi* ?

— Mettez-vous à genoux. Prenez-moi entre vos lèvres.

Da Silva sortit un mouchoir de sa poche et l'étala sur le plancher avant de s'agenouiller dessus. Curtis le regardait faire, figé par l'incrédulité et l'envie. Puis, sans lever les yeux, son partenaire l'agrippa par la taille puis détacha les boutons et repoussa le tissu. Son érection était libre, raide et douloureuse. Elle semblait énorme à côté des traits délicats de Da Silva.

— Que voulez-vous ? Jouir dans ma bouche ?

— Oh mon Dieu, oui. S'il vous plaît.

— La politesse est toujours la bienvenue, murmura-t-il avant de le prendre entre ses lèvres.

Curtis baissa la tête et regarda son membre glisser dans la bouche de cet homme comme s'il appartenait à quelqu'un d'autre. La langue de Da Silva s'affairait tandis que ses mains s'emparaient de ses fesses. Même à travers le tissu, c'était extraordinaire d'être touché de cette façon. Il commença à bouger doucement, en rythme avec les mouvements de son partenaire dont il sentit les doigts se resserrer autour de sa prise. L'autre main s'agitait dans son caleçon et s'empara de ses testicules, puis… Oh mon Dieu. Un doigt glissa juste derrière et s'insinua dans le pli.

— Non, dit Curtis d'une voix rauque.

La sensation était trop intense, trop intime. Mais alors que Da Silva faisait machine arrière, Curtis regretta d'avoir parlé.

Da Silva recula la tête et relâcha sa prise. Curtis put alors voir son sexe engorgé briller sur toute la longueur à cause de la salive de son compagnon.

— Je vous demande pardon. Pourquoi ne pas vous venger sur ma bouche ?

Curtis s'exécuta alors que son complice faisait une nouvelle fois glisser ses lèvres sur son érection. Il s'enfonça dans la bouche de Da Silva, s'accrochant à ses cheveux et poussant de plus en plus loin. Il entendit les bruits que faisait l'autre homme, ces gémissements aigus qu'il produisait en pressant ses fesses. Il se demanda vaguement si lui aussi allait avoir un orgasme. Mais son esprit n'avait pas d'espace à consacrer à autre chose qu'à l'extase provoquée par la bouche de Daniel Da Silva. Il s'enfonça encore et encore avant d'atteindre le paroxysme impitoyable du plaisir sans prévenir, se déversant dans la bouche du poète. Il relâcha les cheveux de son partenaire après quelques secondes. Ses jambes étaient faibles. Da Silva s'assit sur ses talons, baissa la tête et des mèches noires retombèrent. Curtis s'éloigna, les mains tremblantes. Son membre redevenu mou était atrocement sensible.

Son complice restait agenouillé là. Il ne bougeait pas, ne parlait pas et ne le regardait pas.

Curtis aurait voulu dire quelque chose. Le remercier. Même le toucher, car il se souvint d'une phrase qu'il avait apprise à l'école et qui disait que rendre la pareille n'était que justice. Da Silva l'avait mené au paradis deux fois en douze heures. Il se demanda si sa peau avait la même couleur olivâtre sur tout le corps. Il voulut également savoir à quoi cela ressemblait chez un homme circoncis.

Son partenaire restait planté là, silencieux. Il ne semblait pas ouvert aux caresses. Curtis tendit une main hésitante comme s'il s'approchait d'un chien inconnu qui pouvait le mordre. Da Silva ne réagit pas.

— Da Silva ? Et vous ?

— Et moi ?

Il avait retrouvé son ton acerbe. Le plaisir qu'avait ressenti Curtis à son contact s'évapora. Il laissa retomber la main.

— Pourquoi avez-vous fait ça ?

— C'est *vous*, rétorqua-t-il, la tête toujours baissée. Ne faites pas comme si tout était de ma faute.

— Ce n'est pas ce que je voulais dire.

Pensait-il qu'il était hypocrite ?

— Je voulais… est-ce que ça va ?

Da Silva leva enfin les yeux.

— Magnifiquement bien. C'est merveilleux. Il n'y a rien de mieux que de baiser avec un type qui me méprise.

Ce fut une telle plongée dans l'inconnu pour Curtis

qu'il ne savait plus exactement où était la surface et où était le fond.

— Quoi ? Je ne vous méprise pas.

— Ah, vraiment, dit Da Silva en se relevant et en frottant son pantalon.

— Vraiment. Ça n'a aucun sens.

— Vous m'avez qualifié de tapette qui se pavane comme un paon juste avant d'enfoncer votre sexe dans ma bouche.

Il parcourut doucement sa mâchoire de ses doigts avant de reprendre.

— Vous devriez faire attention. Vous pourriez faire des dégâts.

La culpabilité frappa Curtis comme un coup de couteau.

— Je ne vous ai pas blessé, n'est-ce pas ?

— Non. Cela importe peu.

— Bien sûr que cela importe. Attendez. Pour l'amour de Dieu.

Il attrapa le bras de Da Silva avant que celui-ci ne saisisse son manteau.

— *Attendez*. S'il vous plaît. C'était vraiment malpoli de ma part. Je m'excuse. Je… eh bien, je regrette de ne plus être l'homme que j'étais.

— J'avais remarqué. N'étions-nous pas en train d'essayer de dissiper les soupçons ?

— Je ne voulais pas dire ça. Écoutez, vous êtes un homme courageux qui prend des risques considérables pour coincer un maître-chanteur. Mais j'ai connu des situations bien pires et je reste bien plus préparé que vous pour faire face à ces méchancetés. Le fait est que je suis un soldat et que vous êtes…

— Homosexuel ? l'interrompit Da Silva.

— Un poète. C'est donc à moi de prendre les risques physiques dans cette affaire. Je ne vous laisserai pas faire face au danger pour m'enfuir à Londres. Je n'apprécie pas votre insinuation selon laquelle je suis un incapable. Je ne peux pas dire non plus que votre façon de vous exprimer un peu plus tôt m'ait plu. Mais je n'aurais pas dû vous offenser en retour. Je vous demande pardon.

Le visage de Da Silva aurait montré autant de compréhension s'il lui avait parlé en swahili. Il semblait perplexe et Curtis ne savait pas pourquoi. Il avait pourtant été clair. Il redressa les épaules et poursuivit, parce que certaines choses avaient besoin d'être dites.

— J'aimerais que vous me le disiez si j'ai fait quelque chose de dommageable avec...

Il fit un geste vague de la main pour englober son bas-ventre et la bouche de son partenaire.

— Je n'aurais pas dû agir de cette façon dans de telles circonstances. Je ne comprends pas bien ce genre de choses.

Da Silva ouvrit la bouche, la ferma à nouveau, pour dire enfin :

— Non. Vous ne les comprenez pas et moi non plus visiblement.

— Je vous demande pardon ?

— Laissez-moi m'assurer que j'ai bien saisi. *Ceci* est la raison pour laquelle vous étiez en colère ? C'est parce que je vous veux loin du feu de l'action ? Je me rends bien compte que votre fierté est en jeu mais...

Curtis savait qu'il lui devait la vérité.

— Je suis à moitié handicapé. Je n'ai pas besoin qu'on me le rappelle. Ce n'est déjà pas évident de vivre avec ça alors je n'aime pas qu'on me dise que je ne suis plus aussi fort qu'avant.

— Eh bien. Dieu seul sait comment vous étiez auparavant car vous êtes vraiment bien bâti et monté comme un étalon.

Curtis cligna des yeux devant cette vulgarité surprenante. Da Silva le gratifia d'un sourire désabusé.

— Mais loin de moi l'idée de vous juger. Dites-moi simplement, êtes-vous ou étiez-vous en colère contre moi pour ce que je vous ai imposé la nuit dernière ?

Curtis réfléchit à la réponse et se décida pour un :

— Non.

— T…Très bien, dit lentement Da Silva.

— Non. Si j'étais en colère, pourquoi vous aurais-je demandé de recommencer ? C'était vraiment… aimable de votre part, dit-il en sentant le rouge lui monter aux joues.

Le poète commença à masser l'arête de son nez comme s'il voulait chasser un mal de tête.

— Hm. Vous êtes quelqu'un de direct, n'est-ce pas ? J'imagine… enfin, je peux me tromper. Mais je le vois bien.

— Que voyez-vous ?

— Ce que j'ai devant les yeux. Ainsi que tout ce que cela implique, répondit Da Silva en soupirant bruyamment. Eh bien, pour commencer, je n'avais aucune intention de remettre vos capacités physiques en question. Je ne suis pas le mieux placé pour le faire. De plus, je doute que la violence nous soit utile dans ce cas-là. Il nous faudra davantage faire usage de tromperie et c'est mon domaine, pas le vôtre. Ce qui m'amène à mon second point. Je ne veux pas tourner autour du pot. Franchement, si je me sens plus qualifié pour gérer cette affaire, c'est parce que… Ah. C'est embarrassant. Je n'avais pas l'intention de vous le dire.

— Me dire quoi ?

— En fait, quand j'ai insinué… Non, quand je vous ai dit que je menais cette petite enquête en qualité d'amateur, ce n'était pas la vérité. Je suis ici pour le travail.

— Pour le travail ? Pour écrire des sonnets ?

— Non, mon autre profession.

Da Silva semblait presque honteux.

— Je travaille pour le bureau des Affaires Étrangères, expliqua-t-il. Pour votre oncle Maurice, en fait. Je suis l'une de ses… recrues spéciales.

Les mots avaient un sens mais Curtis ne le saisissait pas.

— Vous travaillez pour le bureau des Affaires Étrangères ? répéta-t-il.

— Comme je viens de vous le dire.

— Vous êtes un agent secret ?

— Je déteste ce terme. Il est tellement violent.

— *Vous ?*

— J'imagine que votre incrédulité devrait me flatter, commenta Da Silva en levant les yeux au ciel. Savoir que je ressemble à un instrument de l'État me rabaisserait.

— Mais… pourquoi ne m'avez-vous rien dit ?

— Dans agent secret, il y a « secret ».

Curtis resta bouche bée en imaginant son oncle intransigeant recruter ce dandy gracile. Puis une pensée horrible le frappa.

C'était une façade. Une foutue façade. Da Silva était un agent du gouvernement détournant l'attention avec cette image scandaleuse et brillante. S'il lui avait fait cela la nuit précédente, c'était uniquement pour s'assurer qu'il pourrait récupérer les informations dont ils avaient besoin. Et aujourd'hui, lui, *Curtis*, avait…

Il avait obligé un homme à s'agenouiller et à utiliser sa bouche pour lui faire des choses. Da Silva ne le voulait pas. C'était *lui* qui en avait eu envie.

Il le regardait, consterné.

— Est-ce que ça va ? dit Da Silva dont la voix semblait très lointaine. Curtis ?

— Oh mon Dieu, marmonna-t-il, accablé de honte. Je suis tellement désolé. Mon Dieu. Je… Je ne pourrais jamais m'excuser suffisamment.

— Pour…?

C'était intolérable mais il l'avait bien cherché.

— Vous devez penser que je mérite d'être puni.

— Pas du tout. Qu'est-ce qui vous torture à ce point-là ?

— Bon sang, je viens juste de vous… dit-il en désignant l'endroit où Da Silva s'était agenouillé. Je vous ai obligé à faire ça. C'était entièrement de ma faute. Je suis tellement désolé.

Son complice baissa les yeux avant de les rediriger vers lui.

— Cette vague de remords est-elle la conséquence de votre conclusion selon laquelle je suis un agent du gouvernement déguisé en minet effronté ?

Curtis s'obligea à plonger le regard dans le sien.

— Je dois vous présenter mes excuses. Je n'en savais rien.

— Mon cher, vous êtes complètement à côté de la plaque, répondit Da Silva en lui tapotant le bras. Je suis un agent du gouvernement *et* un minet effronté. Ce qui ne veut pas dire que je vous ferai des gâteries sur commande. Mais si vous pensez avoir souillé ma bouche virginale, laissez-moi vous dire que vous arrivez quinze ans trop tard et que vous avez été doublé par un bon nombre de pénis.

— Merci mon Dieu, laissa échapper Curtis avec grand soulagement.

Impossible pour Da Silva de rester calme plus longtemps. Il se tordit de rire tandis que l'autre lui jetait un regard furieux.

— Ce n'est vraiment pas drôle !

— Si, ça l'est, répliqua Da Silva, amusé.

Ses lèvres avaient rougi. Ses cheveux étaient emmêlés. Il était si beau que le cœur de Curtis se serra tant c'était insupportable.

Il s'assit par terre et se prit la tête entre les mains.

Da Silva fit un effort pour reprendre le contrôle mais sa voix trembla lorsqu'il lui dit :

— Allez, ce n'est pas si grave.

Il ne répondit pas. Il y eut un court silence.

— Curtis ?

Il ne pouvait pas faire ça. Il ne pouvait pas regarder Da Silva en face. Comment ce dernier en était-il capable, lui ? Comment faisait-il pour regarder qui que ce soit, les yeux dans les yeux ? Oh mon Dieu. Cet homme rapportait ses actions à son oncle.

— D'accord, c'est grave. Je vois. Si vous voulez m'agresser, pour l'amour de Dieu, évitez le visage. Laissez-moi juste vous rappeler que nous devons encore travailler tous les deux…

— Mais de quoi parlez-vous ?

— J'espère simplement que vous n'allez pas me frapper.

— Évidemment que non ! dit Curtis en relevant la tête.

— Je suis ravi de l'entendre.

Da Silva s'accroupit à côté de lui dans un mouvement gracieux.

— Je déteste la violence. Surtout lorsqu'elle est dirigée vers moi.

— Pourquoi diable voudrais-je faire ça ?

Cette suggestion le dérangeait. Il n'était peut-être pas un intellectuel, mais il n'était pas non plus une simple brute.

— Eh bien, certains hommes semblent penser que l'on est moins homosexuel si, après s'être fait sucer, on malmène la personne qui nous a fait jouir.

— Ce n'est pas mon cas, dit Curtis.

Il se rendit compte qu'il s'était mal exprimé.

— Enfin, frapper des gens pour ça, ce n'est pas mon genre. Mais maintenant que vous en parlez…

Da Silva pinça les lèvres. Il essayait de ne pas exploser de rire à nouveau.

— Ce que je voulais dire, c'est que pratiquer ceci avec un autre homme ne fait pas de vous un homosexuel. Je ne fais pas partie de votre catégorie.

— Bien sûr que non.

— Je ne le suis pas. C'est juste que… C'était… Ce n'est pas la même chose, n'est-ce pas ?

— Absolument pas, répondit obligeamment Da Silva.

— De toute façon, ce n'est pas le sujet, poursuivit Curtis en ramenant la conversation à son point initial. Le problème, c'est que tout cela est arrivé par ma faute alors je ne vais sûrement pas vous en vouloir.

— J'apprécie, mais ce n'est la faute de personne.

Da Silva jeta un coup d'œil à sa montre à gousset avant de continuer :

— Nous devrions retourner au manoir. Il est bientôt l'heure de déjeuner. Voulez-vous bien m'écouter un instant ?

— J'ai l'impression de ne faire que ça. Vous avez la langue bien pendue.

— Vous l'avez constaté par vous-même.

Da Silva fronça les sourcils pour rendre sa remarque plus acceptable puis reprit :

— Tout d'abord, je me chargerai de récupérer les photos car je suis le mieux placé pour le faire. Fin de la discussion. Deuxièmement, j'espère que vous n'exprimerez aucun regret après ce second rapport. Mettez ça sur le dos d'un malentendu, d'une nuit sans sommeil et d'une situation dramatique. Cet épisode est déjà oublié.

Curtis aurait dû être soulagé d'entendre cela mais il n'eut pas le temps d'y réfléchir car Da Silva continuait de parler.

— Troisièmement, et c'est un point important, parlons des hommes décédés. Ceux qui sont morts sous le soleil de Jacobsdal et ceux qui ont été retrouvés dans la Tamise. Il y a ceux dont la tête a été écrasée avant qu'ils soient jetés de la falaise de Beachy Head, ceux qui se sont tués en se tirant une balle dans leur chambre et ceux qui mourront dans un conflit futur à cause des secrets divulgués. Les Armstrong ont du sang sur les mains uniquement parce qu'ils voulaient s'enrichir et je compte bien les traîner en justice. Je suis quasiment sûr que vous m'aiderez pour cette mission, peu importe ce qui arrive. Si vous êtes un homme qui laisse passer ses inquiétudes personnelles avant son devoir, alors j'ai perdu toutes mes capacités de jugement.

Curtis prit une grande inspiration et encaissa les paroles de cet homme.

— Je vous demande pardon, Da Silva. Vous n'aurez plus besoin de me le rappeler.

Ce dernier acquiesça. C'était un professionnel

s'adressant à un autre professionnel. Il se leva puis tendit la main à Curtis pour l'aider à se relever. Bien que celui-ci soit plus musclé, il saisit les doigts de son partenaire et profita de leur chaleur pendant un moment.

— Très bien, conclut Da Silva. Je sors en premier. Attendez cinq minutes avant de partir à votre tour. Je trouverai un prétexte pour que vous alliez à Londres et un moyen pour que vous puissiez me faire savoir que les renforts sont en route. Gardez la tête froide et un visage impassible. Pas d'héroïsme. La seule chose qui compte est de rapporter les informations à Vaizey.

— Compris. Vous me direz ce dont vous avez besoin. Sinon… qu'est-ce que ce type dit à propos d'être utile à son pays ?

— *Celui qui reste et se tient prêt n'est pas moins utile*[13].

Il était agréable de voir que Da Silva avait tout de suite compris ce qu'il voulait dire.

— Voilà. J'ai toujours du mal avec ça.

— Vraiment ? Cette phrase m'évoque pourtant un travail idéal, répondit-il en le gratifiant d'un bref sourire sans une trace de moquerie.

Il prit son manteau et descendit silencieusement les escaliers.

Curtis s'adossa contre le mur et se demanda ce qui était en train de lui arriver.

Da Silva. Un agent secret. Cela semblait impossible quand on pensait à cette horrible boutonnière florale ou à ses manières indolentes. Il était plus facile de l'imaginer comme professionnel dans une bibliothèque où il travaillerait sur son manuscrit. En revanche, impossible de réfléchir s'il commençait à le visualiser à genoux…

Arrête de penser à ça. Sir Maurice, son oncle, n'aurait pas recruté Da Silva s'il n'était pas compétent. Curtis les imagina tous les deux dans la même pièce. D'un côté, il y avait Sir Maurice, si féroce qu'il donnait la chair de poule à son neveu. De l'autre, Da Silva, indolent dans sa veste

---

13   Dernier vers du sonnet 16 de John Milton.

en velours. Son esprit se révolta contre cette image. Bien évidemment, Da Silva adopterait une autre attitude au travail. Ses manières seraient professionnelles et impeccables. Curtis se dit qu'il pouvait indéniablement s'en sortir en changeant de rôle aussi habilement qu'un acteur. Il était peut-être plus simple pour un homosexuel de changer de visage puisqu'ils avaient l'habitude de cacher leur vraie nature.

Curtis s'arrêta un instant sur cette pensée.

À l'école, il avait exclusivement été entouré de garçons. Il aurait pu rechercher une compagnie féminine à Oxford, comme beaucoup l'avaient fait, mais il était trop occupé. Il se concentrait sur sa carrière sportive et, même si cela était loin d'être une priorité, il devait obtenir son diplôme. Il avait rejoint les rangs de l'armée immédiatement après l'université. À partir de ce moment-là, il avait été envoyé dans différentes régions d'Afrique jusqu'à ce qu'il arrive à Jacobsdal. En fait, il avait passé toute sa vie avec des hommes. Si dans ces circonstances, l'un d'eux s'était conduit bêtement à l'école ou à l'université et s'il avait eu un ami *particulier* comme dans l'armée, c'était seulement naturel. Les hommes avaient des besoins.

Ce qui s'était passé avec Da Silva n'était certainement pas sa première expérience avec un homme. En revanche, pour la première fois il devait réfléchir aux conséquences.

Curtis ferma les yeux. Son entrejambe était encore un peu humide et il sentit un besoin urgent de se soulager lui-même.

Il ne s'était jamais demandé quels étaient ses goûts. En fait, il ne s'était jamais posé de questions sur lui-même, il n'était pas du genre à se livrer à l'introspection. Mais au moment où il avait cru obliger un homme réticent à s'agenouiller, il avait vu la vérité en face.

Il avait désiré Da Silva. Ce n'était pas seulement une histoire de soulagement physique ni de vouloir qu'une main se pose sur son sexe. Il avait désiré cet homme à la

peau olivâtre qui se mettait si facilement à genoux pour flatter sa fierté irritable. Ce matin-là, Curtis s'était réveillé avec une érection en repensant au reflet de Da Silva dans le miroir, la tête baissée entre ses cuisses. Il avait eu du mal à contrôler son excitation dans la salle de billard lorsque celui-ci s'était penché par-dessus la table tapissée de vert. Et rien au monde n'aurait pu le retenir un instant plus tôt, pas après que son partenaire lui avait offert sa bouche aussi merveilleuse que scandaleuse.

C'est toi qui lui as demandé de faire ça. Tu l'as supplié.

Il se frotta le visage, incertain de la direction que prenaient ses pensées.

Après tout, il préférait que quelqu'un le soulage à sa place et Da Silva était un démon au physique agréable qui savait s'y prendre avec les hommes. Dieu seul savait qu'il n'avait pas ressenti d'excitation depuis une éternité et il l'avait encore moins concrétisée. Il n'y avait rien de plus que cela.

Tous ses précédents rapports s'étaient déroulés avec des hommes de son rang : des soldats, des sportifs, de bons camarades. Il s'était forgé l'idée, sans aucun fondement, qu'être homosexuel impliquait plus de choses comme par exemple se comporter de façon efféminée, comme ces hommes fardés de rouge dans les clubs londoniens. Ou comme Da Silva, ce dandy maniéré aux sourcils parfaitement dessinés et aux pantalons moulants.

Curtis n'était pas ainsi. Il ne se sentait tout simplement pas homosexuel, peu importait de quoi cela avait l'air. Il se sentait comme un homme normal qui jouissait, de temps en temps, de contacts intimes avec d'autres camarades, voilà tout. Certaines personnes pouvaient ne pas faire la différence mais il y en avait clairement une. Il ne savait pas précisément quelle était cette nuance, mais elle existait. Elle se devait d'exister puisqu'il n'était *pas* homosexuel.

Inutile d'y penser.

Il s'écarta du mur avant de descendre les escaliers pour

récupérer son ciré. Il était temps de retourner au manoir, de faire face aux Armstrong, d'accomplir son devoir pour son pays ainsi que son roi et il devait oublier ce nombrilisme qui n'avait aucun sens. Si Da Silva pouvait rester concentré sur son travail alors Archie Curtis, ancien soldat au service de Sa Majesté, ne pouvait pas se permettre d'en faire moins.

Chapitre Huit

Le déjeuner se déroula dans un grand capharnaüm. Curtis se concentra sur les interactions autour de lui et percevait désormais cette petite réception à travers le prisme de ses connaissances.

Lambdon gardait un œil sur Mrs Grayling. Il ne faisait aucun doute qu'il s'agissait là d'un flirt plutôt vulgaire. Si Curtis avait été à la place de Mr Grayling, il aurait protesté mais ce dernier était outrageusement fasciné par Lady Armstrong. Quant à James et Holt, ils étaient toujours en compétition pour obtenir les faveurs de Miss Carruth. Elle leur souriait à tous les deux mais aucun signe ne montrait qu'elle avait une préférence pour l'un ou pour l'autre. Dissimulait-elle ses sentiments ou n'était-elle simplement pas intéressée par ces deux jeunes hommes que Curtis considérait comme mal élevés ? Da Silva charmait une Mrs Lambdon au teint pâle, et Dieu seul savait pourquoi. Curtis fit de son mieux pour ne pas le regarder. Il ne pouvait pas s'empêcher de penser que ses lèvres semblaient légèrement contusionnées.

La pluie s'arrêta pendant le repas. Après le café et les cigares, Lady Armstrong entraîna toute sa petite troupe dans les grottes. Curtis, qui était maintenant en besoin désespéré d'effort physique, les accompagna. Il ne fut pas surpris de voir que Da Silva n'était pas parmi eux. Il manigançait certainement quelque chose. Avant le déjeuner, Curtis avait retrouvé dans son armoire la lanterne et le pull qu'il avait laissés dans la bibliothèque. Il ne savait pas quand son complice les avait récupérés pour les remettre dans sa chambre mais ce fut un rappel agréable de sa compétence à ce niveau-là car lui avait totalement oublié ces deux objets.

Holt et Armstrong avaient éloigné Miss Carruth du groupe dans un mouvement de pince mûrement réfléchi. Ainsi, Curtis avait fait le chemin aux côtés de Miss Merton. Ce n'était pas déplaisant. En fait, il s'avéra qu'elle n'était pas juste une dame de compagnie. Elle était Patricia Merton, la femme qui avait gagné la médaille d'or à la compétition nationale féminine de tir, trois années consécutives. Les trois kilomètres se révélèrent plus agréables que presque n'importe quel moment de la vie de Curtis depuis son retour d'Afrique du Sud.

En marchant dans cette rase campagne maussade, avec vue sur les collines qui rejoignaient les pics de la chaîne des Pennines non loin de là, ils discutèrent de cibles et de jeux de tir. Ils échangèrent des informations sur les modèles de revolver et sur les fabricants de cartouches et débattirent sur les mérites des pigeons et des faisans. Quand elle s'animait, Miss Merton était une femme très agréable. Elle n'était pas très jolie mais avait de beaux yeux fins. Elle était déterminée et avait un bon sens pratique. De plus, il était remarquablement aisé de lui parler. En fait, elle était exactement le genre de femme qu'il avait un jour imaginé épouser. Pourtant, à la fin de cette promenade, cette éventualité ne sembla nullement pressante.

Miss Merton, tout comme Curtis, ne se sentait pas obligée de lancer des regards persistants. Elle parlait d'armes comme une femme sensée et gardait un œil sur Miss Carruth. Cette nouvelle amitié était bien plus plaisante qu'un simple flirt pendant un séjour au manoir.

Lady Armstrong les fit s'arrêter devant une pente rocailleuse.

— L'entrée de la grotte se situe là-haut. J'espère que

vous êtes prêts pour une petite séance d'escalade et que vous n'avez pas peur du noir.

Tout le monde se mit à rire sauf Mrs Lambdon qui émit un petit cri de détresse. Lady Armstrong lui sourit.

— Peut-être que ces messieurs pourraient aider ces dames ?

Holt se plaça habilement aux côtés de Miss Carruth. Lady Armstrong gratifia son beau-fils d'un sourire compatissant et lui dit :

— James, vient aider ta chère maman.

Mr Lambdon saisit le bras de Mrs Grayling en lui murmurant quelque chose qui la fit glousser. Mr Grayling n'avait plus qu'à aider Mrs Lambdon. Curtis jeta un coup d'œil en direction de Miss Merton.

— N'essayez même pas, lui dit-elle.

— Je n'oserais pas. En revanche, si c'est trop dur, c'est moi qui aurai besoin de votre aide.

En fait, le terrain était agréablement praticable et sa jambe ne souffrait pas trop. L'entrée de la grotte avait été dégagée et munie de lampes pour les visiteurs. James et Lady Armstrong entrèrent en premier. Elle faillit glisser sur une pierre lisse et il la rattrapa en posant un bras protecteur autour de sa taille.

— Faites attention, mère ! cria-t-il.

Puis ce fut au tour de Curtis de perdre l'équilibre alors qu'une goutte tombée du plafond de la grotte atterrit sur sa tête.

— C'est traître, n'est-ce pas ? murmura Miss Merton. Savez-vous pourquoi nous sommes ici ?

— Eh bien, c'est une grotte calcaire. Cela signifie que l'eau de pluie s'infiltre dans le sol et creuse les pierres. Nous devrions voir quelques formations rocheuses intéressantes.

Ils s'engagèrent dans le premier tunnel. Il était escarpé et désagréablement glissant malgré les marches de fortune qui avaient été creusées à même le sol. L'atmosphère était humide, froide et étouffante. Les murs semblaient gonflés comme des bourrelets de chair et l'eau faisait briller leur surface d'un marron jaunâtre.

— C'est comme se retrouver dans le gosier d'un dragon, dit Miss Carruth dont la voix se répercuta étrangement sur les parois humides.

Elle était juste derrière les Armstrong, suivie de Mr Grayling, de Mrs Lambdon ainsi que de Curtis et Miss Merton.

— Oh !

— Fen ? Que se passe-t-il ? Fen !

Devant eux, Mrs Lambdon se figea en poussant un petit cri admiratif.

— Poussez-vous, s'il vous plaît, dit Miss Merton. Oh. Oh mon Dieu. Regardez ça.

C'était l'une des plus belles grottes que Curtis ait jamais vues. De grands pics rocheux pendaient du plafond comme des dents ou s'élevaient depuis le sol comme d'énormes bougies. Les Armstrong, familiers des lieux, avaient placé leurs lanternes aux meilleurs endroits. Les ombres dansaient et sautillaient. Mrs Lambdon produisit un son semblable à un gémissement puis s'agrippa au bras de Mr Grayling.

— Eh bien, cette grotte, c'est quelque chose ! dit Miss Merton en la parcourant du regard. Pouvons-nous l'explorer ?

— Je vous en prie, répondit Lady Armstrong. Il y a tout un réseau de tunnels et de galeries qui forme comme une ruche sous la montagne. En revanche, la plupart des passages sont trop étroits pour qu'on puisse s'y aventurer. Si vous ne vous glissez pas dans des endroits pareils, il n'y a aucune raison que vous vous perdiez. Si votre lanterne s'éteint…

Mrs Lambdon laissa échapper un petit cri.

— Si votre lanterne s'éteint, appelez à l'aide et restez où vous êtes. Il est très facile de perdre le sens de l'orientation dans un souterrain ou dans l'obscurité.

La petite troupe se dispersa. Curtis était intrigué et avait la chance de ne pas être accaparé par une femme ayant besoin de son aide. Il se dirigea donc dans un tunnel qui se révéla être une petite galerie aux murs d'un blanc intense comparé au marron jaunâtre de la grotte principale. Il arpenta ce chemin en examinant les parois ondulées, imaginant l'époque de cette extraordinaire création. Au bout de la galerie, il y avait un petit mur de pierres de fabrication humaine. En jetant un coup d'œil par-dessus, il comprit qu'il signalait une fosse arrondie d'environ deux mètres s'étendant dans l'obscurité.

Il tendit sa lanterne pour l'éclairer mais il n'y avait que du vide. Cette vue était perturbante. Curtis laissa tomber un galet et tendit l'oreille pour entendre le choc de la pierre contre le fond mais il n'y eut aucun bruit.

En revanche, des pas résonnèrent derrière lui.

— C'est intéressant, n'est-ce pas ? lui dit Holt, venu seul. Faites attention à cette fosse, c'est un piège vicieux. Vous n'aimeriez pas tomber dedans.

Curtis se figea.

— Je me demande jusqu'où elle va.

— Personne ne le sait. On a déjà fait descendre des lanternes avec un système de cordes mais elles n'étaient pas assez longues pour atteindre le fond. On dirait une sorte de gouffre. Une fosse sans fond qui nous conduirait dans les entrailles de la Terre, dit Holt avec délectation.

— Oh Seigneur.

Curtis plongea son regard dans cet abysse pendant un moment.

— Avez-vous laissé Miss Carruth entre les mains d'Armstrong ?

— Non, elle est avec son bouledogue.

Holt pinça les lèvres dans une grimace censée évoquer la sévérité de Miss Merton. Curtis ne supportait pas ce genre de comportement. On ne traitait pas les femmes de cette façon. Il lança un regard désapprobateur à son compagnon avant de se retourner vers ces murs étranges. Holt ne le remarqua même pas.

— Puis-je vous demander sérieusement ce que vous avez pensé du jeu de notre ami juif ce matin ?

— Il vous a battu à la loyale. Que voulez-vous que j'en pense ?

— Oh, voyons. Vous ne trouvez pas qu'il joue comme un professionnel ? Avez-vous déjà vu un gentleman jouer de cette façon ?

Curtis pensa que non. Si Da Silva n'était pas un professionnel, ce n'était pas par incompétence ou par excès de morale. Il était clair que cet homme n'était pas un gentleman. Holt avait raison.

Mais il ne put se résoudre à lui dire.

— C'est un bon joueur, dit-il sur la défensive. Il ne jouait pas pour l'argent. Je ne vois aucune raison pour lesquelles il aurait voulu rabaisser son adversaire. Il n'est peut-être pas comme nous mais il n'est pas pour autant un homme mauvais.

— C'est un fichu Juif.

— Oui. Et alors ? C'était une partie de billard, pas un débat sur la religion.

Holt secoua la tête, agacé par la naïveté de Curtis.

— Vous étiez soldat. Vous devriez avoir intérêt à protéger votre pays.

— Contre Da Silva ?

— Contre les gens de son espèce.

Holt dut voir l'incompréhension se dessiner sur le visage de Curtis, puisqu'il expliqua :

— Ce pays est en crise. La décadence nous fait pourrir de l'intérieur. Notre roi ne s'intéresse qu'au plaisir et il est entouré de roturiers adultères, de paniers percés ainsi que de grippe-sous déracinés et cosmopolites. Les bons Britanniques peuvent à peine en placer une. Personne ne s'occupe des gens qui composent l'épine dorsale de cet empire. Ceux qui sont supposés nous donner l'exemple sont embourbés dans une vie désordonnée et ne disent que des idioties farfelues. Si l'on maintient ce pays à flot et que l'on a un minimum de morale, on se fait traiter de ringard. Eh bien, si Da Silva est l'exemple même de l'homme moderne, je préfère rester vieux jeu. J'aurais espéré que vous pensiez la même chose.

— Je n'ai pas d'opinion sur le comportement de Sa Majesté et je ne suis pas familier de son entourage, répondit sèchement Curtis. Quant au reste, je dois avouer que vous marquez un point.

Un bon point que Curtis aurait souligné il y a quelques jours et avec lequel il aurait été d'accord. Mais désormais, il sonnait plutôt creux.

— Néanmoins…

— Néanmoins ? Vous n'approuvez pas ce genre de choses, n'est-ce pas ?

Holt fit un geste de la main pour montrer la portion de la grotte dans laquelle se trouvait le reste de la petite troupe éparpillée.

— Une poursuite aveugle du plaisir et de la satisfaction personnelle, sans même penser au pays. Voilà ce que c'est. J'aimerais qu'ils comprennent ce qui va leur arriver.

— Que va-t-il leur arriver ? demanda Curtis.

Il n'aimait pas la lueur dans les yeux de Holt, qui ressemblait à du fanatisme politique ou religieux.

— Aucun d'eux n'en sortira indemne. Souvenez-vous de ces mots, le pays se dirige tout droit dans une crise. D'autres nations s'élèvent. Certaines possèdent des idéaux forts et purs ainsi que des hommes qui aspirent à travailler. Si nous ne les rejoignons pas, il ne se passera pas longtemps avant que nous ne devions les affronter sur un champ de bataille. Et nous serions bien mieux sans ces parasites qui assèchent nos forces de l'intérieur.

Curtis avait déjà entendu à plusieurs reprises ce genre de discours et ils n'étaient jamais prononcés par des hommes qui avaient réellement porté un uniforme. D'ordinaire, c'était un homme patient. En revanche, depuis son retour de Jacobsdal, il avait du mal à tolérer ces combattants du dimanche.

— Formidable, dit-il d'une voix cassante. Quand le conflit débutera, vous rejoindrez l'armée ? Si cela vous passionne tant, pourquoi ne pas vous engager maintenant ?

Même à la faible lumière des lanternes, il put voir Holt rougir.

— Il existe plus d'une façon de servir son pays.

Curtis pensa au secret de Da Silva. À la tâche ingrate qu'il accomplissait justement pour servir son pays pendant que d'autres ne faisaient qu'en parler. Il referma sa main mutilée sans former de véritable poing.

— C'est exact. Il existe également plus d'une façon de servir son Dieu.

Les narines de Holt se dilataient sous la colère.

— Armstrong m'avait prévenu que vous vous rapprochiez de ce type. Si vous préférez vous mélanger aux youpins et aux métèques, j'imagine que c'est votre problème.

Curtis tourna les talons et s'éloigna. La lumière dansait sur les parois de la grotte, illuminant les creux et les bosses sur les pierres brillantes. Des formes étranges se détachaient dans l'obscurité. La beauté du lieu lui échappait. Il entendait les murmures d'un homme et les gloussements d'une femme depuis un autre passage adjacent à cette galerie blanche. Il ne regarda pas autour de lui.

Pour tout dire, il aurait préféré être aux côtés de Da Silva plutôt qu'avec Holt. Il aurait aimé voir l'émerveillement dans ses yeux et entendre ce qu'un poète aurait dit de cet endroit extraordinaire. Il aurait aimé lui expliquer comment le calcaire avait été redessiné par la nature puisqu'il se doutait bien que cela sortait du champ d'expertise de cet homme de lettres. Il aurait aimé savoir si ces sculptures du temps auraient eu un impact sur les objets mouvants dans les eaux profondes du vivier. Il pensa que Da Silva aurait aimé cette grotte et que son enthousiasme aurait été tout aussi sincère qu'intéressant.

Lorsqu'il revint sur ses pas, Miss Merton et Miss Carruth étaient perchées sur un rocher dans l'espace principal et regardaient le sommet, émerveillées. Il préféra s'approcher d'elles plutôt que de Mrs Lambdon et Mr Grayling qui se tenaient l'un à côté de l'autre sans dire un mot et en examinant les murs d'un air abattu. Miss Merton fronçait les sourcils en direction de son amie lorsque Curtis arriva à leur hauteur.

— Non, Fen, dit-elle fermement.

— Oh, Pat. Ne sois pas si stricte, lui répondit l'autre en faisant la moue. Mr Curtis, je meurs d'envie de savoir si ce qu'on dit sur les grottes dans ce livre magnifique est vrai ? Est-ce réellement bien décrit ?

L'un des compagnons de voyage de son oncle avait écrit un récit pittoresque de son voyage dans les mines de diamants qui avaient rendu Sir Henry Curtis riche et célèbre, vingt-cinq ans auparavant. Curtis avait l'habitude qu'on lui demande de certifier certains détails peu plausibles.

— En effet. Les indigènes utilisaient des grottes comme celle-ci pour ensevelir leurs rois morts sous des pics de calcaire. Ils les transformaient ainsi en stalagmites humains.

Miss Carruth frissonna tandis que Miss Merton lui lança un regard perplexe.

— Vous êtes vraiment certain que c'est la vérité ? Cela me semble impossible et un peu théâtral sur les bords.

— Mr Quatermain était doué pour les histoires théâtrales, admit Curtis. D'où le succès du livre. En revanche, mon oncle était un homme de parole.

Lambdon fit son apparition dans l'un des tunnels adjacents. Il escortait une Mrs Grayling au visage légèrement empourpré. Miss Merton fit claquer sa langue discrètement. James et Lady Armstrong sortaient de la galerie blanche, suivis de Holt. Tout le monde se dirigea vers la sortie avant de repasser par les collines et la lande pour retourner à Peakholme à l'heure du thé.

Curtis se préparait pour le dîner lorsqu'on frappa à sa porte. Si c'était encore Wesley, ce satané domestique envahissant, qui venait encore lui proposer ses services, il ne le supporterait pas.

— Oui ? cria-t-il d'un ton loin d'être chaleureux.

— Bonsoir, murmura Da Silva en se faufilant dans la chambre.

— Oh. Bonsoir.

— Théoriquement, et dans l'éventualité de yeux indiscrets cachés derrière le miroir, je suis là pour vous demander de me prêter un bouton de col.

Curtis en sortit un.

— Voilà pour vous. L'affaire progresse ?

— J'ai un plan, dit-il en laissant tomber le bouton dans sa poche. Ce soir, frottez-vous la jambe. Faites comme si votre genou était douloureux, d'accord ? Je pense que nous pourrions vous faire partir demain en prétextant que vous avez besoin de voir un spécialiste. Cette promenade imprudente dans les grottes vous aura épuisé.

— C'est une très bonne idée. Mais… demain ?

— Plus tôt vous irez voir Vaizey et mieux ce sera.

— Bien sûr.

Il déglutit. Naturellement, il voulait quitter ce manoir de l'enfer avec ses intrigues, ses bons camarades et ses dames charmantes. Naturellement, il savait que les informations cruciales devaient être portées à son oncle et c'était à lui de s'en charger. Mais…

— Si vous lui dites de me télégraphier l'arrivée des renforts, il saura quoi faire.

— Très bien, c'est ce que je ferai.

— Vous ressemblez à un Viking qu'on vient de frapper

à la tête sans qu'il porte un casque. Est-ce que tout va bien ?

— Oui.

Da Silva fronça légèrement les sourcils et Curtis lui répondit avec le sourire :

— Oui. Je suis juste un peu agacé. J'ai eu une conversation plutôt déplaisante avec Holt tout à l'heure.

— Cet homme est-il capable de se montrer sympathique ? répondit Da Silva en haussant cette fois-ci les sourcils.

— Pas envers vous, je le crains. Comment tolérez-vous ce genre de choses ?

— Je me montre terriblement malpoli. Enfin, seulement si les gens ne peuvent pas me frapper. Que vous a-t-il dit pour vous agacer à ce point-là ?

— Oh, rien qui ne mérite d'être répété. Bon, comptez sur moi pour le coup du genou douloureux.

— Bien.

Da Silva hésita devant la porte. Il était prêt et élégant. Avec son énorme fleur à la boutonnière et son col défait, on aurait dit qu'il s'était préparé pour une bataille de style. Le haut de sa chemise ouverte laissait apparaître le creux de son cou. Curtis ne pouvait détourner les yeux. Il voulait voir Da Silva nu, échevelé et sans défense. Il pouvait presque ressentir cette impression d'ouvrir en grand sa chemise blanche en faisant sauter un bouton après l'autre pour laisser apparaître son téton percé avant de coller le visage contre cette peau douce. Ce besoin venu de nulle part l'assaillit si brutalement qu'il pouvait à peine respirer.

— Puis-je vous aider ? demanda Da Silva.

Pendant une fraction de seconde, Curtis ne put dire ce que cet homme lui proposait.

— Avec les boutons de mon col ? Non, je peux me débrouiller, répondit Curtis en se maudissant aussitôt que les mots avaient franchi ses lèvres.

Évidemment qu'il pouvait se débrouiller. Évidemment

qu'il n'avait pas besoin qu'un de ces doigts agiles s'enroule autour de son cou avant de glisser le long de son torse, mais…

— En êtes-vous sûr ? chuchota Da Silva en plongeant le regard dans le sien.

La bouche de Curtis s'asséca.

— Je… euh…

Il ne savait pas quoi dire mais il tendit ses boutons de col à Da Silva et vit ses yeux alterner entre son visage et sa main.

Son complice les saisit dans sa paume et s'approcha doucement. Il était si près que Curtis sentait la chaleur émanant de ce corps mince. Da Silva leva la main jusqu'au niveau de sa gorge, releva son menton du bout des doigts puis, tout doucement, il laissa ses doigts parcourir son cou et sa pomme d'Adam, s'écartant juste une seconde de la chemise.

Il fixa les boutons puis agrippa le col par devant et tira doucement. Curtis se laissa chanceler vers l'avant, sans offrir de résistance.

— Hm.

Le souffle chaud de Da Silva venait lui chatouiller la peau.

— Je devrais probablement m'excuser, dit ce dernier.

— Pourquoi ?

— Je vous ai bouleversé, répondit-il en caressant sa barbe de quelques jours. Les événements récents ont été quelque peu mouvementés. Je ne voulais pas vous perturber.

— Ce n'est pas le cas, répliqua Curtis en sentant sa peau bouger sous le doigt de Da Silva lorsqu'il parlait.

— Je pense que si. Au moins un petit peu.

Les lèvres de Da Silva se retroussèrent en ce sourire si caractéristique.

— J'espère que vous étiez agréablement perturbé, ajouta-t-il.

Curtis déglutit mécaniquement et son complice grimaça, visiblement un peu vexé.

— Je vous demande pardon, je ne voulais pas remettre ça sur le tapis.

Il plaça adroitement, mais froidement, le bouton et enferma le cou de Curtis dans ce tissu amidonné.

— Pour en revenir aux choses sérieuses, je ne veux pas que vous vous inquiétiez pour moi. Soyez rassuré, vous n'avez pas besoin d'angoisser.

— Je ne le ferai pas. Attendez, dit-il en posant sa main sur l'épaule de Da Silva alors que celui-ci s'apprêtait à partir.

Il n'était pas certain de ce qu'il allait faire. Son partenaire resta étonnamment immobile et le scrutait du regard.

— Puis-je vous aider en retour ? demanda Curtis.

Da Silva sembla hésiter alors il ajouta d'une voix qu'il espérait le plus douce possible :

— Laissez-moi faire. S'il vous plaît.

— Je vous en serais très reconnaissant, répondit-il en souriant.

Il sortit le bouton de la poche de sa veste et le laissa tomber dans la main que lui tendait Curtis. Puis il leva la tête, plongea son regard dans celui de son complice. Leurs bouches étaient si proches l'une de l'autre que Curtis en eut le souffle coupé. S'il se penchait juste un peu…

Il n'avait jamais embrassé un homme de sa vie si on ne comptait pas cette petite comédie dans la bibliothèque qui s'était jouée contre son gré et qui s'était achevée à peine quelques secondes après avoir débuté. Faire le premier pas, se pencher en avant pour approcher sa bouche de celle d'un autre homme était… impensable. Ou, du moins, il n'avait jamais eu de telles pensées. Faire jouir un camarade était une chose, c'était une sorte de considération pratique. Mais embrasser un homme en tant qu'amant était une décision irréversible et effrayante.

Il voulait le faire. Il voulait embrasser Da Silva. Il voulait connaître son goût et la sensation de ses lèvres. Il ne savait pas si son partenaire avait déjà embrassé d'autres hommes.

Ce dernier le regardait toujours, attendant patiemment. Curtis déglutit, la gorge serrée dans sa chemise fermée, puis il s'empara du col et s'autorisa à toucher cette peau olivâtre. Il sentait le pouls de Da Silva pulser dans son cou.

— Vous êtes très doux, murmura ce dernier. C'est intéressant.

— Pourquoi cela ? répondit-il en passant le bouton dans le trou, conscient de l'horrible forme de sa main mutilée sous le gant en cuir.

— Eh bien, à cause de votre carrure de Viking.

Da Silva l'étudia des pieds à la tête avant de le regarder à nouveau dans les yeux.

— À cause de votre délicieuse façon de vous comporter comme un soldat autoritaire. J'espérais… comment dire ? J'espérais un côté plus bourrin de votre part. La conquête par la force brutale. Au lieu de ça, vous glissez petit à petit, avant tant de précaution et de douceur que je sens à peine la pénétration…

Curtis triturait maladroitement le bouton. La moitié inférieure lui glissa des mains et tomba sur le sol. Il regarda Da Silva qui levait les yeux avec malice sous ses longs cils noirs.

— Salaud.

— Je suis désolé, dit le poète en levant une main pour l'empêcher d'en dire plus. Je suis vraiment désolé. Ce n'était pas juste. Vous… Enfin, c'était tentant, vous voyez.

— Je veux vous revoir, laissa échapper Curtis.

— Me revoir ? répliqua Da Silva en haussant ses sourcils parfaitement dessinés.

Curtis en était maintenant certain, il les épilait. Et il s'en fichait car ils étaient beaux. Da Silva était beau. Avoir ce corps si proche du sien, c'était douloureux. Il aurait pu le prendre dans ses bras.

— Vous savez bien ce que je veux dire. Je vous dois une faveur.

Da Silva écarquilla les yeux et ouvrit légèrement la bouche. Curtis était persuadé qu'il pouvait presser ses lèvres contre cette bouche alléchante, que son complice ne le repousserait pas si seulement il faisait ce premier pas. Il déglutit.

— Pensez... Pensez-vous qu'ils nous regardent en ce moment ?

— Mon Dieu, je n'espère pas.

— Alors...

— Non, lui répondit Da Silva d'un sourire en coin. C'est une offre charmante, mon cher. Et vous n'imaginez pas à quel point j'aimerais l'accepter. Mais j'hésite à vous rappeler ce que vous m'avez dit. Vous n'êtes pas homosexuel.

À ce moment-là, Curtis s'en fichait. Il avait d'autres problèmes en tête.

— Pourquoi ne me laissez-vous pas gérer ça ?

— Bon Dieu, j'aimerais bien, lui répondit le poète.

Ses yeux étaient noirs. Étonnamment noirs. On pourrait s'y noyer. Curtis n'était peut-être pas habitué à ce genre de choses, mais il était difficile de passer à côté de cette flamme de désir qui y brûlait.

— Dans ce cas...

Il fit un mouvement vers l'avant mais Da Silva recula.

— J'aimerais vraiment. Mais, croyez-le ou non, je sais rester correct.

Sa bouche se tordit puis il reprit.

— Vous devez partir à Londres demain, rapporter les informations à votre oncle et faire ce qu'un gentleman se doit de faire. J'ai encore du travail qui m'attend ce soir et la sonnerie du dîner a déjà retenti. Le devoir nous appelle.

Il fit demi-tour et sortit de la chambre avant que Curtis n'ait eu le temps de dire quoi que ce fût.

Il prit une grande inspiration, se pencha avec difficulté

et ramassa le bouton abandonné. Il s'assit ensuite sur le lit et se prit la tête entre les mains.

Il retournerait à Londres le lendemain. Il dirait tout à Sir Maurice ou du moins, tout ce qui importait. Il s'assurerait que de l'aide, que des renforts humains et que des gens capables de gérer la situation fussent envoyés. Ce serait la fin de son implication.

Curtis ne reverrait jamais Da Silva.

Il pourrait le retrouver, bien sûr. Il pourrait se mêler aux bohémiens, aux poètes, aux peintres, aux sculpteurs et aux artistes en tout genre. Il pourrait le chercher dans les clubs où les hommes dansaient entre eux. Il pourrait se rendre dans l'East End, dans les pauvres allées mal éclairées et dans les magasins bondés pour trouver le fils du serrurier.

Et que ferait-il quand il lui aurait mis la main dessus ?

Ils n'avaient rien en commun. Ni la race, ni le rang social, ni les goûts, ni l'intelligence. Les vestes en velours et les lectures poétiques étaient loin de son univers de fêtes au stand de tir et de discussions militaires. Curtis n'avait jamais accordé de temps aux bohémiens.

Non, il ne pouvait pas maintenir à flot ni faire avancer cette relation.

Pourtant… Il appréciait cet homme, c'était un fait. Peu importaient les liens qu'il y avait entre eux, il voulait les entretenir. Il aimait son sens de l'humour, sa vivacité d'esprit et son engagement. Il aimait sa bouche, ses doigts malicieux, le désir qu'il faisait monter en lui et qui se consumait dans ses yeux noirs.

Arrête ça. Tu as une mission. Concentre-toi sur le travail. Da Silva ne reste pas planté dans sa chambre en s'imaginant à tes côtés.

Il n'aurait pas dû penser à cela. Pendant un bref instant, Curtis imagina Da Silva allongé nu et ébouriffé sur son lit, ses paupières à moitié fermées et la main sur son érection. Il chassa rapidement cette image.

Il lui fallut plusieurs minutes pour mettre ses boutons de manchettes. Ses mains n'arrêtaient pas de trembler.

Chapitre Neuf

Le dîner fut bruyant. Lady Armstrong et Mrs Grayling débordaient d'énergie. James était d'humeur guillerette et passait son temps à se vanter. Fenella Carruth s'émerveillait encore de la grotte visitée dans l'après-midi et disait à Da Silva qu'il aurait dû venir. L'expression horrifiée qu'il lui renvoya sembla sincère.

— Mon Dieu, non. Pas même sous la menace d'une arme. Je ne prends pas le métro et je m'aventure encore moins dans les profondeurs non civilisées.

— Vraiment ?

— Ma chère enfant, je ne supporte même pas les caves.

— Vous avez peur du noir, n'est-ce pas ? demanda James.

Da Silva leva les yeux d'un air mélancolique.

— L'homme est né pour marcher à la surface de la Terre, pas en dessous. Notre nature humaine aspire à voir le soleil et à observer les étoiles.

Mrs Lambdon gloussa pour montrer son approbation. Holt et James Armstrong se regardaient d'un air excessivement nauséeux. Curtis se demanda comment Da Silva avait pu s'en sortir avec ces belles paroles puisqu'à partir du moment où l'on avait lu ses poèmes, on savait qu'il n'aimait pas ce genre de baratin. Évidemment, personne dans cette pièce n'aurait pris la peine de lire ses vers. Encore une fois, il s'agissait là d'une petite plaisanterie dont seul Da Silva pouvait rire.

Miss Carruth supplia Curtis de raconter les aventures de son oncle dans les contrées perdues de Kukuana qui étaient pourtant racontées dans ce fichu livre. D'autres personnes insistèrent et pour continuer à jouer son rôle de bon camarade, il se sentit obligé de le faire. Il décrivit d'abord la grotte dont il avait tant entendu parler, celle avec la grande table en pierre devant laquelle était placée une immense statue de presque cinq mètres représentant un squelette se levant de son siège, la lance au-dessus de la tête, prêt à tirer. Autour de la table de ce monstre étaient assis les rois de Kukuana, invités au festin de la Mort.

— Ils étaient tous là. Les vingt-sept. Chacun était assis sous un petit écoulement d'eau qui leur tombait directement sur la tête. À chaque goutte, ils se transformaient un peu plus en pierre et se retrouvaient enveloppés de barytine[14] blanche. On pourrait encore apercevoir leurs traits sous cette couche rocailleuse. Twala, le roi que mon oncle a tué, était assis à la table et tenait sa tête sur ses genoux.

Les femmes crièrent toutes en même temps avant de protester. Curtis était content de son petit effet.

— C'est horrible ! dit Miss Carruth en se tortillant.

— C'est si exotique et... héroïque, s'exclama Mrs Grayling.

— C'est si immonde, répliqua Da Silva. Rester éternellement assis dans un souterrain...

Curtis constata avec surprise qu'il semblait vraiment dégoûté.

— Nous finissons tous sous terre, rétorqua Lambdon d'un ton bourru.

— Mais nous ne serons pas tous assis dans un souterrain, autour de la table du diable, avec de l'eau nous coulant sur la tête. C'est une pratique révoltante.

Il frissonna. Curtis nota dans un coin de sa tête qu'il devrait lui parler des funérailles célestes[15] organisées par

14   Minéral peu soluble composé de sulfate de barylum.
15   Lors des funérailles célestes, le corps du défunt est donné en offrande aux vautours.

les Tibétains et qui était un sujet bien moins acceptable à table que les rituels des Kukuana. Puis il se rendit compte qu'il n'aurait jamais l'occasion de le lui dire.

Il essaya d'être de bonne compagnie ce soir-là. Il proposa aux plus jeunes hommes de faire un jeu de cartes. Grayling s'enthousiasma. En revanche, Holt et Armstrong échangèrent un regard avant de s'excuser et de prendre congé.

En voyant les deux hommes partir ensemble, Curtis réfléchit. James Armstrong irait en prison. Son antipathie n'avait aucune importance pour lui. Mais Holt n'était pas impliqué dans les crimes des Armstrong. C'était un sportif, un homme très sociable, qui semblait avoir accès à un grand nombre de sphères sociales. Et si Holt s'était plaint à son ami de leur désaccord, plus tôt dans la journée ? Armstrong, ce sot prétentieux, aurait pu y faire allusion.

Curtis et ce métèque sont plutôt proches, vous ne trouvez pas ?

Proches ? Et encore, vous ne savez pas tout.

Si James avait parlé et que Holt avait décidé de jouer le colporteur de ragots, Curtis pourrait être en fâcheuse posture.

Il sentit des gouttes de sueur perler dans sa nuque. Il ne savait pas du tout comment Da Silva pouvait rester si calme alors que la menace d'être exposé au grand jour l'attendait à chaque coin de rue. Il se dit qu'à ce rythme-là, ses cheveux seraient entièrement blancs en une semaine.

Cette nuit de sommeil, non interrompue par une quelconque effraction, était la bienvenue. En revanche, Curtis regretta d'avoir si bonne mine dans le miroir le lendemain matin puisqu'il allait devoir prétendre avoir mal au genou. Il boita jusqu'à la salle du petit déjeuner où Da Silva n'était pas encore descendu. Il fut assailli par les remarques compatissantes.

— C'est de ma faute, insista-t-il après les excuses de

Lady Armstrong. J'ai fait trop d'efforts. Mais pour être honnête, je suis un peu inquiet. Le terrain accidenté a dû aggraver l'état de ma rotule.

— Dois-je appeler un médecin ?

— J'ai bien peur de devoir retourner à Londres pour consulter un spécialiste, dit Curtis en s'efforçant d'afficher des signes de regret sur son visage. C'est un cas assez compliqué.

Elle laissa échapper un cri de détresse et de contrariété. Elle envoya James chercher un guide Bradshaw pour connaître les horaires de train. Celui-ci le regarda avec insistance et c'est alors que Curtis comprit que l'on était dimanche.

— Il n'y a qu'un seul train de passagers aujourd'hui. Vous pourriez le prendre, mais il est vraiment désagréable, dit Sir Hubert en fronçant les sourcils. Il s'arrête à toutes les gares.

— Et cela ne fera aucun bien à votre genou, ajouta Lady Armstrong avec sollicitude. J'ai peur que vous deviez attendre jusqu'à lundi, Mr Curtis. Passez un coup de fil pour une réservation, voulez-vous ?

Curtis se laissa convaincre par ses hôtes. Il n'avait aucune envie de passer neuf heures dans un train qui desservait toutes les gares. De plus, une petite voix dans sa tête insista sur le fait qu'il aurait peut-être une chance de reparler à Da Silva.

Avec ce projet en tête et en sa qualité de personne handicapée, il déclina l'invitation de ses hôtes à se rendre à l'église. Les autres s'entassèrent dans une procession de voitures excepté Holt et James qui voulaient faire une promenade. Ils avaient l'air fatigués mais satisfaits d'eux-mêmes. Ils avaient sûrement assisté à une soirée privée et voulaient maintenant se rendre dans un pub.

Curtis avait le manoir pour lui tout seul. Il se rendit à la bibliothèque.

Da Silva n'y était pas. Il n'était pas non plus dans la salle du petit déjeuner ou dans un des salons. Il n'allait certainement pas dormir après dix heures, songea Curtis avec une pointe de désapprobation. Mais il se sentit également mal à l'aise, alors il alla frapper à sa porte.

Personne ne répondit.

Il hésita, mais il devait lui parler. Il tenta de tourner la poignée et la porte s'ouvrit.

La chambre était vide.

Curtis regarda autour de lui, déconcerté. Il n'y avait aucun pot de brillantine ni de boutons de manchettes sur la commode. L'endroit semblait inoccupé. Il ouvrit l'armoire, puis les tiroirs. Tous vides.

On aurait dit que Da Silva était parti.

Que signifiait tout cela ?

Curtis se retira dans sa chambre pour réfléchir. Da Silva avait quelque chose à faire la nuit précédente. Avait-il décidé de changer ses plans ? Avait-il trouvé les photos compromettantes pour lui et son partenaire ? Avait-il récupéré assez de preuves de chantage et de trahison pour accuser les Armstrong avant de disparaître sans un mot dans la nuit ?

Curtis n'aurait pas été surpris d'apprendre qu'il avait fait cela. En revanche, il doutait de sa capacité à quitter la maison en pleine nuit et de marcher à couvert pendant cinquante kilomètres jusqu'à Newcastle…

Où il n'y avait aucun train ce jour-là, excepté celui qui transportait le lait et celui qui s'arrêtait à toutes les gares. Curtis était quasiment certain que Da Silva aurait consulté le guide Bradshaw avant de s'en aller et il aurait pris un train convenable plutôt que celui qui roulait moins vite qu'une voiture Austin. Dans tous les cas, comment se serait-il rendu à la gare avec sa grosse valise ? Il ne savait pas conduire et Curtis doutait du fait qu'il ait pu parcourir cinquante kilomètres dans la nuit en se cachant dans la lande pour éviter qu'on le suive.

Il retourna dans la chambre déserte de Da Silva. Cette

fois-ci, il verrouilla la porte derrière lui et fit une inspection minutieuse. Il s'accroupit et regarda sous les meubles. Il ne savait pas vraiment ce qu'il recherchait mais un sentiment désagréable l'envahissait peu à peu.

Il trouva quelque chose derrière la commode. La lampe torche de Da Silva.

Bien sûr, elle était cylindrique et avait pu rouler sur la surface, s'écraser au sol et être oubliée. Sauf que l'ampoule fonctionnait encore. Sauf que Da Silva était un homme trop soigneux pour laisser de telles choses derrière lui.

Il n'aimait pas ça. Il n'aimait pas ça du tout.

Curtis se dit alors que cela n'avait aucun sens. Il retourna dans la bibliothèque et relut *Le Vivier* comme s'il allait en tirer un quelconque indice. Il aurait voulu retourner au pavillon de jardin. Il ne pensait pas rationnellement que Da Silva attendait là-bas, pourtant cette pensée le tourmentait. Malheureusement, il devait continuer à faire semblant que son genou était douloureux.

Il attendit jusqu'à l'heure du déjeuner pour poser des questions l'air de rien. Da Silva n'était toujours pas là.

— Où est le poète ? Il communie avec sa muse ?

— Mr Da Silva ? Il est parti tôt, ce matin, lui répondit Lady Armstrong en lui lançant un regard lourd de sous-entendus.

James Armstrong toussa bruyamment. Curtis avait cru distinguer le mot « Viré » dissimulé sous cette toux soudaine. Les invités s'échangèrent des rapides coups d'œil, choqués.

— James, dit Sir Hubert d'un ton ferme.

— Non, vraiment, répondit-il en baissant les yeux face à son père.

Puis il ajouta dans un grognement :

— Je vous l'avais dit, mère.

— Ça suffit, répondit Sir Hubert qui détourna ensuite la conversation vers le golf.

Curtis fit semblant d'écouter et réfléchit activement.

Les mots de James étaient clairs. Da Silva avait été renvoyé pour avoir outrepassé les règles de l'hospitalité. Vol d'argenterie, acte de sodomie sur un domestique, effraction dans un bureau contenant des dossiers confidentiels. Il était possible que quelqu'un l'ait surpris en train de rôder, prêt à partir, et cela expliquerait pourquoi toutes ses affaires avaient disparu. Et pourtant…

Il y avait une heure de voiture pour rejoindre la gare de Newcastle. Le train transportant le lait partait à trois heures trente du matin. Da Silva n'aurait pas été renvoyé à une telle heure. Mais on l'avait peut-être laissé attendre dans le froid que le train de passagers s'arrête à la gare. Cependant, les Armstrong ne l'auraient-ils pas mentionné quand Curtis avait évoqué l'éventualité de prendre ce même train ? Et n'aurait-il pas entendu une voiture revenir devant le manoir ?

Il n'y avait rien de concluant. Rien de concret. Pourtant, les poils se hérissèrent sur sa nuque.

Il s'obligea à être aussi convivial que possible pendant tout le reste du repas. Il fit remarquer à Lady Armstrong que son genou allait un peu mieux.

— Vous devez penser que je suis un épouvantable soldat si je fais autant de bruit pour…

— Mon Dieu, non ! Je sais ce que c'est d'avoir une douleur tenace, lui assura-t-elle.

Mrs Lambdon, inspirée par cet échange, se lança dans un rapport détaillé de ses problèmes de santé chroniques, ce qui ne demanda que peu d'efforts à Curtis. Il n'avait qu'à acquiescer poliment de temps en temps.

Le reste de la journée lui parut interminable. Il alla faire un tour sur la propriété. Il prétexta vouloir vérifier si son genou était véritablement blessé ou simplement épuisé après la promenade de la veille.

D'après ce qu'il pouvait constater, la terre n'avait pas bougé sous les séquoias. Il n'y avait aucune trace d'une quelconque tombe creusée là. Il maudit Da Silva et son imagination tout en se rendant au pavillon de jardin. Il était vide, sentait la pierre froide et le bois humide. Il aurait dû retrouver ici l'odeur de transpiration, de semence et de brillantine que Da Silva utilisait pour ses cheveux.

Il pensa alors à quelque chose de complètement absurde. Si quelque chose était arrivé à ce poète, s'il s'était fait agresser, alors Curtis ne pourrait plus jamais lui toucher les cheveux. Sa gorge se serra et il resta planté là, dans ce pavillon désolé, ému par l'absence d'un homme qu'il connaissait à peine.

Cette journée horrible traînait en longueur. Curtis se promena jusqu'au coucher du soleil. Il ne pouvait plus rien voir et décida alors de se retirer dans la bibliothèque en attendant le dîner. La présence des autres convives commençait à l'irriter comme du fil barbelé. Il fixait une page d'un roman d'Oppenheim qu'il avait déjà l'impression d'avoir lu lorsque Holt et Armstrong firent leur apparition.

— Nous cherchons Grayling, lui dit ce dernier d'un air plus aimable que la nuit précédente. Voulez-vous nous rejoindre pour une partie de billard ?

— Je vous remercie mais je vais passer mon tour.

— Votre partenaire vous manque ? demanda Holt avec un soupçon de méchanceté.

— Qui ? Da Silva ? Loin de là. J'aime bien gagner de temps en temps.

Il n'était pas d'humeur pour ces plaisanteries inutiles et de mauvais goût formulées par ces gens sans intérêt qui n'avait aucun but et aucune occupation dans la vie. Holt avait raison sur ce point, ce n'était pas un train de vie acceptable. Pourtant, il semblait en profiter bien assez.

Encore un jour et il quitterait ce satané manoir, se répéta Curtis. Encore un jour pour retrouver la trace de Da Silva.

Imprudent, il posa une question à Armstrong :

— Que lui est-il arrivé ? Vous l'avez surpris en train de piquer les cuillères ?

Holt jeta un coup d'œil à Armstrong et ouvrit la bouche pour répondre, mais son compagnon disait déjà gaiement :

— Il a truqué les cartes. Holt avait raison sur le fait qu'il était un escroc.

— Bon Dieu ! Dans ce cas, je vous dois des excuses, Holt, vous avez l'esprit bien plus vif que moi. J'étais, pour ma part, dans le noir le plus complet.

— Vous n'êtes pas le seul à être dans le noir, répondit Armstrong en s'esclaffant. N'est-ce pas, Holt ?

— Ne dites pas de sottises. Et donc, cette partie, Curtis ?

Celui-ci lui montra son genou en guise de réponse. Les deux acolytes quittèrent la pièce. Curtis entendit comme des messes basses de l'autre côté de la porte.

La peur, qui suintait un peu plus tôt dans la journée, se propageait rapidement en lui. Curtis ne pensait pas que Da Silva avait joué aux cartes avec Holt et Armstrong la nuit précédente. Même si c'était le cas, il doutait de ce que lui avaient raconté les deux hommes. Ce n'était pas la tricherie que Curtis remettait en cause, c'était le fait qu'il se fût fait prendre. Mais si quand bien même cela avait été le cas, alors Holt en aurait fait toute une histoire et Curtis l'aurait entendu depuis sa chambre. Il n'aurait sûrement pas accepté qu'on passe cette tricherie sous silence.

Donc ils mentaient tous les deux.

Donc Holt était impliqué dans l'affaire.

Curtis se demanda pourquoi il n'y avait pas pensé plus tôt. James Armstrong était un idiot aimant se faire remarquer et passant toutes ses journées à jouer. Holt avait un cerveau et une tendance à la méchanceté. C'était un homme plein d'avenir, quelqu'un de brillant qui avait su exploiter les opportunités offertes par James. Il offrait à ces hommes décadents qu'il méprisait le traitement qu'ils méritaient.

Oui, Holt était dans le coup, Curtis en était certain. Il comprit ce qu'il se passait et redoutait la signification de la remarque d'Armstrong. Holt lui avait adressé un sourire factice et avait rapidement détourné la conversation. Il aurait dû exulter du fait que Da Silva eût triché à un jeu de cartes. Au lieu de cela, il avait rapidement changé de sujet.

Vous n'êtes pas le seul à être dans le noir.

Curtis repensa à cette phrase. Il se remémora également la conversation de la veille et les frissons de Da Silva lorsqu'il évoquait son aversion des grottes et des souterrains. Puis il ferma les yeux et respira profondément. Ses pensées lui donnaient la nausée, l'enrageaient et le terrifiaient. Il imaginait ce sinistre trou noir dans lequel un corps chuterait lentement.

Il avait également un peu d'espoir. Certains voulaient voir leurs ennemis morts et d'autres préféraient les faire souffrir. Si quelqu'un détestait un homme ayant la phobie des grottes obscures, ne le laisserait-il pas dans un tel endroit pendant un certain temps ?

Plus tard, Curtis serait incapable de dire comment il avait pu supporter le reste de la soirée. Il tint des conversations appropriées, but et mangea. Il ne se jeta pas sur Holt et Armstrong. Il n'étrangla pas ces deux empaffés. Il se coucha tôt et s'obligea à dormir deux petites heures. À une heure du matin, il prit la lampe torche et descendit les escaliers aussi discrètement que possible.

Il sortit par la porte de la cuisine et se dirigea vers les grottes en contournant les routes de gravier et les chemins rocailleux pendant deux bons kilomètres afin d'éviter de faire du bruit.

Un vent glacial soufflait. Un croissant de lune illuminait le chemin. D'autres personnes auraient pu trouver la marche dans l'obscurité et les ombres projetées par la lune trop effrayantes. Mais Curtis s'inquiétait bien assez de ce qu'il allait trouver dans la grotte pour s'intéresser à ces détails. Ce paysage blanchi faisait ressembler les collines nues aux broussailles d'Afrique du Sud. Le simple fait de savoir qu'il n'y avait pas de tireur d'élite caché dans un buisson était largement suffisant en soi pour rendre cette balade plutôt agréable.

Le paysage semblait différent la nuit, mais comme tout soldat, il possédait un sens aiguisé de l'orientation et il réussit à retrouver la route en ne se trompant qu'une seule fois et en ne perdant que quelques minutes. Quarante-cinq minutes plus tard en tout, et après avoir grimpé la colline à toute allure, il se retrouva devant l'entrée obscure de la grotte.

— Da Silva ?

Pas de réponse.

Il saisit l'une des lampes pendues, l'alluma et entra dans la grotte. La lumière vacillait follement lorsqu'il avançait, créant ainsi des ombres grotesques qui paraissaient lui sauter dessus.

— Da Silva ? répéta-t-il lorsqu'il arriva dans le grand espace principal.

Il ne perçut que l'écho de sa propre voix et comprit alors qu'il devrait explorer chaque galerie. Il devait s'y prendre de façon logique et le faire dans un sens précis. Son esprit ne cessait de lui rappeler ce grand trou noir. Il avança dans le froid sur les roches glissantes et se dirigea vers le tunnel qui menait à la galerie blanche.

— Da Silva ?

Sa voix se répercuta sur les murs avant de se taire progressivement. Il entendit un son étouffé, comme un sanglot.

— Da Silva !

Il leva la lanterne et courut aussi vite qu'il put sur le sol traître de cette grotte. Il arriva dans la galerie blanche et vit la forme débraillée d'un homme aux cheveux foncés. Il était étendu par terre, juste à côté du trou noir, dos à une stalagmite.

Curtis s'agenouilla à ses côtés sur les pierres gelées. Da Silva était trempé de la tête aux pieds. Ses bras étaient attachés derrière son dos et le maintenaient contre la pierre humide. C'est au moment où il remarqua cette corde qu'une goutte d'eau tomba sur la tête de Da Silva, le faisant frissonner.

— Oh mon Dieu.

Curtis le serra aussi fort que possible dans ses bras compte tenu du fait qu'il était attaché à cette pierre. Sa peau était gelée.

— Vous m'entendez ? C'est Curtis. Je suis là. Je vais vous sortir de là. Daniel ?

La tête de Da Silva était collée au torse de Curtis. Il prononça quelques mots incohérents. Son complice lui saisit alors le menton et lui inclina légèrement la tête. L'eau coulait sur son visage grisâtre et ses yeux étaient fermés.

— Daniel, l'appela désespérément Curtis.

Les paupières de Da Silva palpitèrent avant de s'ouvrir. Son regard noir plongea dans celui de son partenaire.

— Ne soyez pas un rêve. S'il vous plaît. Ne le soyez pas. Ne soyez pas… dit-il d'une voix suffocante.

— Je suis là. Je suis avec vous. Je ne suis pas un rêve.

Daniel cligna des yeux et de l'eau coula de ses cils. Il regarda Curtis pendant un moment avant de chuchoter :

— Vous êtes venu. Oh mon Dieu, vous êtes venu.

— Oui, pour vous.

Il enroula plus solidement ses bras autour de Daniel alors que ce dernier fondait désespérément en larmes.

Il ne sut pas exactement combien de temps ils restèrent ainsi, sur les pierres humides, Curtis retenant Da Silva contre lui pour éviter le continuel déversement de gouttes sur sa tête. Mais il était plus qu'engourdi lorsque les pleurs de Daniel se transformèrent en respiration irrégulière.

— Qui vous a fait ça ?

— J-James et Ho-Holt, répondit-il.

Même s'il claquait des dents, Curtis savait que Da Silva allait mieux.

— Ils m'ont lai-lai-laissé. Pour que je me tr-transforme en p-pierre.

— Les ordures, répliqua Curtis en donnant un coup de poing dans le vide. Cela prend des siècles. Je dois vous lâcher, vous comprenez ? Pour pouvoir vous détacher.

Daniel hoqueta légèrement, puis ferma les yeux et hocha la tête. Curtis le relâcha à contrecœur. Il se leva, complètement trempé. Il enleva son pardessus et le posa sur le corps tremblant de Daniel, toujours dans sa tenue de soirée. Puis il s'apprêta à le libérer.

La corde qui le gardait prisonnier était nouée de l'autre côté de la pierre. Le nœud n'était pas particulièrement compliqué mais il était épais et gonflé par toute l'eau qui coulait le long de la stalagmite. Curtis bougea la lanterne. Il entendit Daniel gémir et la remit alors en place pour qu'elle continue de l'éclairer. Il courut pour aller en chercher une autre à l'entrée de la grotte. Il la plaça de l'autre côté de la pierre et commença son travail sur la corde.

— Curtis ? l'appela Daniel d'une voix rocailleuse. Curtis ?

Il se leva d'un bond et contourna le rocher.

— Quoi ?

— C'est juste que… Vous n'êtes pas un rêve ?

— Non.

Il posa une main sur la joue froide du poète et le sentit tourner la tête. Ses lèvres effleurèrent la peau de Curtis.

— Je dois vous libérer de cette corde maintenant. Je suis là. Je ne vous abandonnerai pas. Mais vous devez me laisser faire.

La pire des hallucinations qui accompagnaient la fièvre consistait à imaginer la présence de quelqu'un, pensa-t-il soudainement. Un oncle, une infirmière, un ami qui se penchait au-dessus du lit pour vous dire des mots apaisants et vous apporter une boisson fraîche pour vous réconforter et vous faire sentir que quelqu'un s'occupait de vous. Puis vous vous réveilliez, seul et complètement assoiffé, le temps s'écoulant lentement. Il ne voulait donc pas imaginer à quoi avait ressemblé la journée de Da Silva, seul, dans l'obscurité, les gouttes d'eau le torturant tout comme le froid et l'humidité. Il devait rêver que quelqu'un venait l'aider puis se réveillait, complètement désespéré.

Le nœud était inexorablement coincé. Il sortit son canif et commença à tailler la corde avec force.

— Curtis, l'appela Daniel d'une voix rauque.

— Laissez-moi deux minutes, lui répondit-il en serrant les dents.

— Curtis !

— Curtis, l'appela une voix moqueuse de l'autre côté de la grotte.

Il se figea pendant une seconde. Puis il plia son canif, le posa près de la stalagmite et se leva pour faire face à Holt.

Chapitre Dix

Holt accrocha sa lanterne à un morceau de roche qui saillait sur la paroi. Les trois lumières conféraient à la galerie blanche une luminosité perturbante. Curtis jeta un coup d'œil à Daniel, toujours immobile, ses yeux noirs enfoncés dans son visage apeuré. Puis il leva les yeux vers l'homme qui lui avait fait cela.

— J'espère que vous êtes fier de vous.

— Moi, au moins, je ne suis pas un satané homosexuel, lui répliqua Holt d'un air incrédule.

— Vous êtes un maître-chanteur. Un tortionnaire.

— Un meurtrier, ajouta Da Silva d'une voix rocailleuse.

— Qui avez-vous tué ?

Curtis remua les épaules pour s'assurer que sa veste Norfolk n'était pas trop serrée avant de faire un pas sur le côté. Holt remarqua ce petit mouvement et son visage se transforma soudainement. Cela ressemblait à de l'excitation, d'après Curtis. Il voulait la bagarre…

Alors il l'aurait.

Holt jeta son pardessus sans lâcher son adversaire des yeux.

— Quelques traîtres. En fait, vous devriez vous en réjouir.

— Les hommes de Lafayette.

Curtis commença à tourner en rond et Holt fit de même en surveillant sa démarche.

— Ceux qui ont trafiqué les armes envoyées à Jacobsdal. Vous les avez fait chanter eux aussi, n'est-ce pas ?

— Non ! rétorqua Holt, apparemment outré par cette accusation. C'était Armstrong. Rien à voir avec moi. C'était une affaire scandaleuse.

— Mais vous les avez assassinés. Pourquoi ?

— Ces hommes étaient des traîtres.

Holt s'exprimait comme s'il les implorait de comprendre.

— De plus, ils étaient des dépravés. Des bêtes immondes. Ils aimaient les filles. Les jeunes filles. C'était répugnant. Ils méritaient de mourir.

— Sur ce point-là, nous sommes d'accord. Qu'avez-vous fait d'eux ? demanda Curtis comme si cela lui importait. Vous les avez jetés dans le gouffre ?

— Directement dans les entrailles de la Terre. C'est un endroit bien utile. Personne n'en a jamais trouvé le fond, ne vous l'ai-je pas dit ?

Ses yeux luisaient à la lumière de la lanterne et sous les reflets des pierres blanches.

— Je pensais y jeter le Juif encore en vie, ce soir. Il crie comme une fille. J'aimerais savoir combien de temps je peux l'entendre hurler pendant sa chute.

Daniel laissa échapper un cri digne d'un animal complètement effrayé. Curtis se mit sur la pointe des pieds et plia les doigts. Quant à Holt, il secoua la tête avant de dire :

— Vous souhaitez réellement vous battre pour lui ? Bon sang. Je n'aurais jamais pensé cela de vous, Curtis. Un soldat, un homme de haut rang aussi éduqué que vous, qui se laisse tenter par ces choses dégoûtantes. Vous n'avez pas honte ?

— Non.

Il fit quelques pas en direction de Holt. Celui-ci leva ses poings et rit.

— C'est dommage, j'aurais sincèrement aimé boxer avec vous. J'imagine que mettre une raclée à un estropié, ça ne compte pas.

— Ne vous inquiétez pas pour moi.

C'était ce qu'il avait voulu dire, pourtant, sa bouche semblait incapable de fonctionner correctement. Les mots sortirent d'une façon étrange. Il regarda ses mains à la lumière des lanternes et vit qu'elles tremblaient.

— J'espère que vous n'êtes pas un froussard, dit Holt qui ne souriait plus du tout.

Il avait l'air contrarié.

— Vous n'avez pas peur de vous battre, n'est-ce pas ? Vous avez abandonné votre courage à la guerre ? Bon sang, j'attendais avec impatience de me retrouver face à vous et voilà que vous n'êtes qu'un salaud et un lâche. Où est le défi ? Au moins, frapper un Juif procure quelque plaisir.

C'est à ce moment-là que Curtis fonça sur lui.

Quatermain, l'ami écrivain de son oncle, avait fait toute une histoire du sang viking qui coulait dans les veines de Sir Henry et l'esprit du berserker[16] qui s'emparait de lui pendant les batailles. D'après Curtis, c'était une façon à la fois ridicule et romancée de voir les choses. Si on lui avait demandé de décrire sa rage de combattant, il n'aurait sûrement pas dit les mots « esprit du berserker ». Il pensait plutôt à « folie meurtrière ».

À aucun moment Curtis ne vit rouge, à aucun moment il ne perdit le contrôle de ses gestes, il ne ressentit même pas de colère. Au lieu de cela, il se sentait étrangement détaché et tirait un plaisir exquis à cette violence. Il avança, vit les poings de Holt se mettre dans une position convenable, comme si son adversaire pensait qu'ils allaient se battre comme des gentlemen. Puis il lança la première charge et son coup manqua de peu l'entrejambe de Holt grâce à une réaction rapide de ce dernier qui fit un pas en arrière. Il vit un éclat sur le visage de Curtis qui lui indiqua qu'il ne devait plus gaspiller son souffle en belles paroles.

Le combat commença. Il fut sérieux, sauvage et pénible.

16 Le berserker est un personnage des mythologies nordiques et germaniques. C'est un guerrier-fauve qui devient surpuissant grâce à sa fureur sacrée.

Les règles de Queensberry[17] ne s'appliquaient pas ici. Ils glissaient tous les deux sur les roches mouillées mais savaient qu'une chute pourrait causer leur perte. Ils étaient égaux en termes de taille et de poids. Holt avait mérité son titre de champion de boxe universitaire et était encore en bonne forme physique. Il avait également l'avantage de posséder deux mains intactes. Il en profitait en attaquant Curtis sur le côté droit pour le forcer à utiliser sa main mutilée, bien moins puissante que son autre poing et plus douloureuse à chaque coup.

Mais Curtis avait passé huit ans dans l'armée. Il s'était battu contre des gens qui ripostaient et il savait bien ce qui arriverait à Daniel s'il perdait. De plus, il était dans une rage folle. Il frappait encore et encore sans faire attention aux endroits où atterrissaient ses poings et ignorant la douleur dans sa main. Il regarda le sang jaillir de la bouche haineuse de son adversaire lorsqu'un uppercut envoya sa tête en arrière.

Holt glissa et tomba sur le coccyx. Curtis recula et jeta sa jambe en arrière pour frapper la tête de cet homme comme un ballon de rugby. Mais il faillit se retourner la cheville sur une petite bosse qu'il n'avait pas remarquée. Il tituba mais resta debout.

Holt tâtonna désespérément à la recherche de son manteau. Il fouilla dans la poche et en sortit un couteau.

Curtis éclata de rire. Le son résonna dans toute la grotte. C'était tellement comique. Il espérait que Daniel voyait ça car il trouverait la scène hilarante. Holt se releva et agita la lame. Curtis voulut lui demander s'il ne voyait pas là l'ironie. Après tous ses beaux discours sur la supériorité anglaise, voilà qu'il venait de faire un coup tordu qu'il aurait été le premier à qualifier de digne d'un métèque.

Holt se précipita sur lui, le couteau à la main. Curtis leva le bras droit. La lame déchira le tissu et lui écorcha la peau. Si son adversaire était sur sa droite, cela voulait dire

17   Les 16 règles du marquis de Queensberry codifient les combats de boxe anglaise.

qu'il était vulnérable de l'autre côté. Il donna un crochet du gauche dans la mâchoire de Holt, à l'endroit même où il avait déjà placé son uppercut. Son coup étourdit son ennemi. Curtis lui attrapa la main gauche avant de se glisser derrière lui et d'enrouler son bras droit musclé autour du cou. Il raffermit sa prise.

L'autre étouffait et luttait. Curtis se pencha et pesa sur lui de tout son poids en enfonçant les doigts dans le poignet de Holt jusqu'à ce que celui-ci laisse tomber le couteau. De sa main libre, il saisit la mâchoire de son prisonnier et lui tordit le cou jusqu'à ce qu'il entende un craquement brutal.

Il relâcha sa prise et s'éloigna du corps avant qu'il ne touche le sol.

Daniel était étendu à côté du rocher et le regardait de ses yeux d'un noir profond. Il semblait terrifié.

— Holt est mort maintenant, lui expliqua Curtis au cas où ce n'était pas clair.

Les mots franchissaient toujours ses lèvres de manière étrange. Il saisit le couteau de son adversaire, tranchant comme un rasoir et donc beaucoup plus affûté que son propre canif, puis coupa la corde en quelques secondes.

Daniel essaya de s'éloigner du rocher. Curtis s'agenouilla près de lui et l'aida à démêler ses liens. Ils tremblaient tous les deux.

Il comprit que Daniel avait froid.

Curtis se rapprocha donc de Holt et lui enleva gauchement tous ses vêtements sauf son caleçon. Il empila les vêtements les plus secs sur le corps, faute de meilleur endroit, et alla défaire la tenue de soirée de Daniel.

Ce dernier se laissa faire. Curtis pensa que ses mains lui faisaient mal. Ses poignets étaient rouges et ses doigts bleus et gonflés. Il retira doucement la veste et le gilet trempés puis ouvrit brusquement la chemise de Daniel plutôt que de lutter avec chaque bouton. Ce geste lui rappela quelque chose mais il ne savait plus trop quoi. Petit à petit, il débarrassa son compagnon frissonnant de ses vêtements mouillés. Il utilisa le maillot de corps de Holt pour essuyer Daniel autant qu'il le put. Ce fut au moment où il posa les mains sur la peau froide et humide de Daniel que Curtis retrouva ses esprits.

Il prit une grande inspiration.

— Mon Dieu ! dit-il d'une voix rauque.

— Curtis ? murmura Daniel en lui lançant un regard effrayé.

— Mon Dieu.

Il chassa d'un clignement d'yeux les vestiges de sa rage.

— Bon sang, je... euh...

Daniel tenta de dire quelque chose mais chancela et faillit tomber. Curtis le rattrapa et le tint serré contre lui, sans tenir compte de sa nudité, jusqu'à ce qu'il retrouve son équilibre. Il saisit ensuite les vêtements de Holt et aida Daniel à les enfiler. Il se sentait empoté mais il se débrouillait tout de même mieux que son compagnon. La vue des mains de Daniel, qui ne montraient pas la même dextérité qu'habituellement, menaça de déchaîner de nouveau sa fureur.

Les habits de Holt étaient bien évidemment trop grands mais c'était mieux que rien. Il serra la ceinture au maximum autour de cette taille mince, boutonna la veste Norfolk et le lourd pardessus. Les chaussures étaient bien trop larges. Celles de Daniel, bien que trempées, devraient faire l'affaire. En revanche, il mit les chaussettes de Holt dans sa poche en attendant qu'ils trouvent un endroit où lui sécher les pieds.

Il ramassa les vêtements mouillés et les jeta dans le gouffre suivis de la corde et des chaussures du mort. Il garda le couteau. Enfin, il traîna le corps jusqu'au trou noir.

Daniel poussa un grognement.

— Fermez les yeux, lui dit Curtis qui était quasiment certain que cet homme n'avait pas besoin de voir un cadavre disparaître dans un ravin effrayant.

Il laissa tomber le corps dans les ténèbres.

Enfin, il aida Daniel à sortir de la grotte.

Ils firent une pause à l'entrée le temps de remettre les lanternes en place et de trouver un rocher sec sur lequel Daniel put s'asseoir, complètement effondré. Curtis lui sécha méticuleusement les pieds avec son mouchoir avant de lui enfiler les chaussettes de Holt.

Ce dernier était venu à bicyclette. Le vélo était de bonne facture mais sans l'intégralité de sa main droite et un homme à demi conscient, Curtis ne pourrait pas en faire grand-chose. Il réfléchit puis dit à Daniel :

— Attendez-moi. Je reviens.

Il traîna le vélo dans la grotte. L'idée de le jeter dans le gouffre par-dessus un cadavre lui déplaisait mais il n'avait pas d'autre choix alors il s'exécuta.

Normalement, le corps de Holt était toujours en train de tomber.

Lorsqu'il revint à l'air libre, Daniel était recroquevillé sur lui-même, les bras enroulés autour du corps. Curtis jeta un œil aux chaussures mouillées puis au visage de son compagnon.

— Attendez une seconde.

Il noua les deux chaussures par les lacets et les passa autour de son cou. Puis il prit Daniel dans ses bras et le porta à bout de bras.

Le trajet ne fut pas évident. Cet homme n'était pas costaud, mais il faisait plus d'un mètre quatre-vingt et ne sortait qu'occasionnellement de sa torpeur. Il n'était donc qu'un poids mort. Curtis était bien conscient qu'il ne pouvait pas se permettre de glisser sur les graviers si jamais son genou cédait. En fait, il était même impressionné par la résistance de sa rotule. Les docteurs avaient peut-être eu raison en lui disant de la faire travailler davantage même si, évidemment, ils ne s'attendaient pas à ce genre d'exercice.

Il avança pas à pas le long de la route éclairée par la lune, toujours avec son lourd compagnon endormi dans les bras. Sa main droite lui faisait sacrément mal et il pouvait voir le sang ruisseler le long de son avant-bras, là où Holt l'avait blessé avec son couteau. En outre, il ne savait pas quoi faire à présent.

Il était quasiment trois heures du matin. Il ne pouvait pas marcher à une très bonne allure avec le poids qu'il devait porter. Les Armstrong attendraient le retour de Holt. James irait peut-être jeter un coup d'œil dans la grotte.

Où devait-il aller ?

Le seul téléphone disponible aux alentours était celui de Peakholme. Newcastle était à une cinquantaine de kilomètres. Il fallait qu'il réchauffe Daniel. S'il avait vu une cabane de berger ou une ferme, il aurait pu demander de l'aide. Mais il n'y avait rien à des kilomètres à la ronde sur cette satanée lande déserte. Il connaissait trop bien les dangers qu'ils encourraient s'il cherchait refuge sur le territoire de leur ennemi.

Cette pensée ramena son esprit fatigué dans les broussailles sud-africaines où il avançait péniblement à la recherche d'un endroit où se terrer. Puis il se souvint de ce *kraal*[18] en pierre, les ruines d'une fermette sur une colline isolée où une poignée de ses hommes s'étaient retirés…

Des murs en pierre. Des ruines défendables sur une colline.

Était-ce une bonne ou une terrible idée ? Il n'en était pas certain. Il aurait aimé que Daniel fût éveillé pour pouvoir lui poser la question. Il aurait aimé que son complice fût capable de marcher. Mais puisque ce n'était pas le cas, Curtis prit lui-même une décision et recommença à marcher péniblement, un pied après l'autre, pendant les trois kilomètres qui les séparaient de Peakholme.

Il arriva là-bas à quatre heures et demie du matin. Chaque parcelle de son corps le faisait souffrir. Depuis le dernier point d'observation, il n'avait vu aucune lumière dans le manoir. Il dut se frayer un chemin à travers les

18 Un kraal est un hameau de forme circulaire. Ils existent principalement en Afrique australe.

bois pour atteindre le pavillon de jardin sans passer du côté des fenêtres. Il pouvait raisonnablement affirmer qu'il ne serait pas surpris par des jardiniers à cette heure-ci. À cause du poids de Daniel, la dernière pente qui menait en haut de la colline lui sembla la plus raide des pentes qu'il ait jamais eu à grimper de sa vie. Chacun de ses pas défiait la gravité et l'épuisement mais il arriva enfin au pavillon, ouvrit maladroitement la porte et s'engouffra à l'intérieur.

Il traîna à moitié Daniel dans les escaliers. À l'étage, complètement épuisé, il s'écroula sur le parquet en chêne, déplaça le corps de son complice pour s'allonger contre lui et autorisa ses muscles à extérioriser leur souffrance.

Après quelques minutes, lorsque le sang ne battit plus autant dans ses oreilles, il examina Daniel. Il s'était bien réchauffé. La chaleur humaine l'avait bien aidé et le lourd pardessus de Holt était de bonne qualité. Il regarda ses mains et vit, à son grand soulagement, que ses doigts avaient retrouvé une couleur normale.

— Daniel ? murmura Curtis.

Sa respiration était profonde et régulière. Il s'était recroquevillé dans les bras de Curtis. Ce dernier hésita, se demandant s'il avait le droit de faire ça, puis parcourut le visage de Daniel de ses doigts. Il le touchait à peine, suivant les lignes de sa mâchoire puis ses sourcils avant de revenir sur les joues et d'oser s'aventurer sur les lèvres.

Il ne s'attendait pas à ce qu'il se réveille mais les paupières de Daniel vacillèrent et il poussa un doux gémissement. Curtis se maudit de s'être montré si égoïste.

— Tout va bien, murmura-t-il. Vous êtes en sécurité, rendormez-vous.

Daniel entrouvrit les lèvres puis écarquilla les yeux et se redressa brusquement. Curtis s'accrocha à lui pour l'empêcher de se débattre et comprit que c'était une mauvaise idée lorsque Daniel commença à crier. Curtis plaqua une main contre sa bouche, se sentant comme le dernier des salauds, et tout ce corps se raidit d'effroi.

— C'est Curtis. Arrêtez, bon sang ! Vous êtes en sécurité, je suis là. Arrêtez, siffla-t-il.

Daniel se détendit enfin dans ses bras. Il dégagea la main qui obstruait ses lèvres.

— Curtis ?

— Je suis là.

— Curtis, répéta-t-il avec un soupçon de satisfaction.

Il ferma les yeux. Son complice pensa qu'il allait se rendormir mais après quelques instants, il ajouta :

— J'étais dans la grotte.

— N'y pensez plus.

— Dans la grotte. Dans le noir. Les gouttes tombaient. Encore et encore. Et ce gouffre… dit-il d'une voix tremblante.

— Arrêtez. C'est fini.

— Vous êtes venu.

— Bien sûr.

Après un court silence, Daniel demanda :

— Avez-vous tué Holt ?

— Oui.

— J'aime pas la violence. Elle résout rien, marmonna-t-il.

Curtis haussa les épaules. Pour lui, la violence avait particulièrement bien résolu le problème en question. Daniel se blottit contre lui et marmonna quelque chose qu'il ne saisit pas. Quelques secondes plus tard, le poète s'était rendormi.

Curtis était à moitié allongé. Sa tête reposait sur les pierres froides et son corps sur le dur parquet. Il sentait le poids de ce corps chaud et en vie sur lui. Il s'abandonna quelques minutes à cette délicieuse sensation avant de penser à ce qui allait arriver par la suite.

Il devait faire sortir Daniel d'ici. Holt manquerait à l'appel aujourd'hui. Il se dit d'un air grave qu'il se battrait jusqu'à la mort pour empêcher James Armstrong de s'en prendre au poète. Ce serait d'ailleurs sûrement le cas s'il faisait face à des hommes armés.

S'il avait eu deux mains, il aurait volé l'une des automobiles d'Armstrong. Il le pouvait peut-être encore mais ce serait trop bruyant. Entrer par effraction dans la voiture, la démarrer et prendre le temps de mettre Daniel sur le siège passager serait trop long. Il n'était même pas sûr de pouvoir contrôler la voiture à vive allure sur ces routes sinueuses avec seulement un pouce et un index pour s'agripper au volant. Il ne roulerait certainement pas assez vite pour distancer les poursuivants qu'il était certain d'avoir.

C'était une option, oui, mais la dernière envisageable. Quelles étaient les alternatives ? Il pourrait tenter de passer un coup de téléphone. Il pourrait solliciter de l'aide pour qu'on l'emmène à Newcastle et appeler de là-bas si ses hôtes conservaient un semblant d'hospitalité. Mais cela voulait dire qu'il devait laisser Daniel seul dans le pavillon de jardin.

Ce dernier frissonna. Curtis lui posa une main réconfortante sur le front et le trouva désagréablement chaud.

Et s'il tombait malade ? Ce ne serait pas surprenant qu'il eût attrapé froid après avoir passé une journée complètement trempé.

Il avait besoin de nourriture, d'eau et de couvertures. Curtis devrait les lui apporter avant que tout le monde se réveille. Il lui fallait également un revolver. Il appellerait son oncle depuis le manoir, peu importait les risques, et implorerait son aide. Après ça… Eh bien il devrait se retirer dans le pavillon de jardin et s'en servir comme poste de défense tant que cela serait nécessaire.

Curtis réfléchit à ce projet en repoussant gentiment Daniel. Il regarda autour de lui et trouva, à son grand plaisir, une vieille commode qui contenait des couvertures de pique-nique. Il les disposa de sorte à ce que son complice endormi fût installé le plus confortablement possible et qu'il eût assez chaud. Il lui murmura des paroles rassurantes puis sortit silencieusement de la bâtisse. Bien évidemment, Daniel ne pouvait pas barricader la porte derrière lui mais sans alliés, sans vivres ni lignes de communication, Curtis pariait sur la chance.

Ce n'était pas la première fois. Ce serait peut-être la dernière, mais il aurait au moins tenté tout ce qu'il pouvait.

Son idée en tête, il ne fit pas six pas avant d'entendre du mouvement. Quelqu'un venait vers la colline.

La lande nue s'étendait devant lui. Se cacher derrière le pavillon de jardin le rendrait plus suspicieux que de marcher tranquillement. Si l'intrus lui barrait la route, il réglerait le problème comme il l'avait fait avec Holt.

Il avança d'un pas tranquille tandis que le promeneur approchait. Il serra le poing puis étira ses doigts, mais découvrit qu'il s'agissait de Miss Merton.

— Bonjour, Mr Curtis.

Elle tendit chaleureusement une main dans sa direction lorsqu'elle vint à sa rencontre.

— Je pensais être la seule promeneuse matinale. N'est-ce pas une belle journée ?

Elle fronça les sourcils en remarquant dans quel état il était.

— Est-ce que tout va bien ?

— Êtes-vous seule ? répondit Curtis sans hésiter.

— Oui ?

— Au nom du ciel, Miss Merton, je m'adresse à vous de passionné de tir à passionnée de tir. J'ai besoin de votre aide.

Miss Merton se releva après avoir examiné Daniel. Son regard passa de ce corps inconscient à Curtis.

— Je ne pense pas qu'il soit véritablement fiévreux. Passer autant de temps dans le froid peut nous jouer de sacrés tours. Gardez-le au chaud et en sécurité. J'imagine que vous êtes sincère lorsque vous me parlez de toute cette affaire ?

— Je ne pourrais pas être plus sincère. J'ai vu les photos. Et il était attaché à un rocher…

Elle leva la main pour l'interrompre.

— Je ne mets pas votre parole en doute. J'essaie simplement de réfléchir à ce que je peux faire.

— Si vous pouviez apporter de la nourriture…

— Ce n'est pas assez, dit-elle en secouant la tête vivement. À mon avis, nous avons trois problèmes : nous devons garder Mr Da Silva en sécurité, faire passer un mot à quelqu'un pour obtenir de l'aide et éviter d'éveiller les soupçons jusqu'à ce que les renforts arrivent. Je pense que nous devrions tout d'abord avertir Fen.

— Miss Carruth ? demanda Curtis, incrédule.

Bon sang, cette femme n'avait-elle pas compris à quel point c'était sérieux ?

Elle le gratifia d'un sourire compatissant.

— J'imagine pouvoir affirmer, sans me tromper, que Mr Da Silva est une personne plus complexe que ce qu'il veut bien nous laisser croire ?

— Bien plus complexe.

— Alors vous ne devriez pas croire si facilement au caractère simplet de Fen.

Elle fronça les sourcils, pensive, avant d'ajouter :

— Et si je disais que je voulais me promener dans la lande, seule, et que je demandais assez de nourriture pour la journée ? J'amènerai une arme à feu et me terrerai ici jusqu'au soir. Ainsi, je pourrai garder un œil sur votre invalide. Fen et vous devrez vous débrouiller pour passer ce coup de téléphone. Vous viendrez prendre votre tour de garde le soir. Si vous restez loin du pavillon de jardin toute la journée, cet endroit n'éveillera pas les soupçons. D'accord ?

Non. Curtis ne voulait pas laisser Daniel. Il n'y tenait absolument pas. Il voulait monter la garde lui-même. Mais s'il ne retournait pas au manoir, alors que Holt manquait à l'appel et que Daniel n'était plus dans la grotte, cela déclencherait sans doute l'alerte. Miss Merton était compétente et, même s'il ne la connaissait que depuis peu, il lui faisait confiance.

— Les Armstrong sont dangereux, la prévint-il. Surtout James. S'ils apprennent ce que nous savons, ils seront désespérés. Cette affaire les mènerait à leur mort donc j'imagine qu'ils n'hésiteraient pas à nous tuer.

— Moi non plus, je n'hésiterai pas, répondit Miss Merton d'un air détaché. J'ai perdu deux frères à la guerre. Je crois sincèrement qu'ils méritent ce qui les attend s'ils ont trahi le pays et vendu des secrets à l'ennemi. Et je n'apprécie pas toute cette histoire de chantage. Fen ne cautionnera pas ça non plus. Bon. Attendez-moi là. Je dirai que je vous ai croisé pendant votre promenade matinale et que vous serez sûrement de retour pour le petit déjeuner.

Elle sortit d'un pas vif. Curtis barricada la porte derrière elle et retourna aux côtés de Daniel.

Il était empourpré, mal peigné et vulnérable, aussi, avec sa bouche ainsi ouverte et dépourvu de son armure de dérision et de maniérisme. Il semblait sans défense. Curtis serra les poings. Il avait hâte de régler ses comptes avec James Armstrong.

Miss Merton frappa à la porte environ une heure plus tard. Elle avait tout son matériel de randonnée, un magnifique revolver *Holland and Holland* et une musette, qu'elle souleva.

— À boire, à manger et un revolver que je lui laisserai. Je vais tout de suite le rejoindre. À vous d'y aller maintenant. J'ai parlé à Fern.

— Soyez prudente, s'il vous plaît. Et veillez sur lui. Merci, Miss Merton.

— Je veillerai sur lui si vous prenez soin de Fen, dit-elle sèchement. Et je pense qu'en ces circonstances, vous pourriez m'appeler Pat.

Chapitre Onze

Miss Carruth et lui s'appelèrent rapidement par leurs prénoms eux aussi. Il fut agréable d'avoir une alliée pendant le petit déjeuner, où il expliqua que son genou allait beaucoup mieux et où elle discuta ingénument de la décision de Pat d'aller se promener toute la journée. Sans la moindre inconvenance, elle partagea son opinion sur le fait que son amie étant devenue moins stricte, elle espérait pouvoir faire ce qu'elle voulait et s'amuser un peu. Elle dit tout cela en se rapprochant de Curtis.

James Armstrong ne semblait pas y prêter attention. Il regardait la table en fronçant les sourcils, apparemment perdu par l'absence de Daniel, de Holt et de Pat Merton. Peu après qu'ils eurent fini de manger, Fen proposa de flâner dans les jardins. Armstrong vint à la rencontre de Curtis.

— Avez-vous vu Holt ?

— Non. Il dort bien tard, répondit Curtis d'un air volontairement désapprobateur.

— Il n'est pas dans sa chambre.

— Oh. Il est sûrement sorti tôt.

— Apparemment, tout le monde semble avoir eu la même idée aujourd'hui, lança Fen. Pat est parti faire l'une de ses randonnées, et vous Archie ? Vous étiez levé tôt, non ?

— Vers six heures, j'imagine. En revanche, je n'ai pas vu Holt.

— Six heures ! répéta Fen dans un petit cri. J'ai besoin de dormir pour être belle.

— Alors vous devez dormir sacrément longtemps, dit Curtis, conscient qu'il devait flirter légèrement avec elle, même s'il n'était pas très doué pour cela.

Armstrong n'intervint pas pour relever ce compliment digne d'un homme du bas peuple. Il n'avait apparemment pas remarqué que Curtis avait réussi à attirer cette jeune femme après laquelle lui-même avait inlassablement couru.

— J'espère qu'il va revenir, dit-il d'un air maussade. Vous n'avez rien entendu la nuit dernière ?

— La nuit dernière ? À quel moment ?

— À n'importe quel moment.

Curtis secoua la tête.

— Je suis allé me coucher tôt, aux environs de dix heures. J'ai bien peur d'avoir dormi comme un loir. Vous ne pensez tout de même pas que Holt ait pu sortir en pleine nuit ? Pourquoi diable aurait-il fait ça ?

Armstrong semblait véritablement gêné et Curtis était maintenant persuadé qu'il savait ce qu'avait manigancé son ami. Il avait emmené Daniel dans la grotte. Il savait que Holt y retournerait en pleine nuit pour faire Dieu seul savait quoi.

— Je ne sais pas. Peut-être qu'il a entendu un bruit ou…

— Un voleur ? hoqueta Fen avec horreur. Vous ne pensez tout de même pas qu'il a fait face à *un voleur* ?

— Bien sûr que non, quelle idio… quelle idée.

Armstrong s'en sortit du mieux qu'il put. Fen le regardait. Ses beaux traits étaient figés en une expression froidement polie. Elle avait assurément compris ce qu'il s'apprêtait à dire.

— Je suis ravie de l'entendre, Mr Armstrong. Archie, auriez-vous l'obligeance de m'accompagner, je vous prie ?

Curtis lui offrit son bras et elle quitta la pièce avec la dignité offensée d'une duchesse douairière. Armstrong n'essaya pas de la retenir.

Une fois dans les jardins et à l'abri des oreilles indiscrètes, Fen regarda Curtis. Une étincelle rieuse faisait briller ses yeux de velours.

— Eh bien ! Il ne s'est pas montré très courtois.

— Il est inquiet. Ne le prenez pas à la légère, Miss… excusez-moi, je voulais dire Fen. Je ne sais pas si Pat vous a tout raconté.

— Elle m'a dit tout ce que je devais savoir, donc à peu près tout, répliqua-t-elle avec une sublime confiance en elle. Donc, Mr Holt ne reviendra pas ?

— Ah non. Non. Il ne reviendra pas.

— Bien.

Choqué, il baissa les yeux vers elle. Elle grimaça.

— Je le trouvais méchant. Il se moquait des gens dans leur dos. Il se montrait extrêmement poli avec Sir Hubert mais en réalité, il le méprisait.

— Vraiment ? Je n'avais pas remarqué.

— Moi si. Je n'aime pas les gens qui rient secrètement du malheur des autres.

— Da Silva est un peu comme ça, lui aussi, répondit Curtis d'un air contrit.

— Vous pensez ?

Elle sembla réfléchir à la question puis ajouta :

— Je ne suis pas d'accord. Mr Da Silva se moque de tout le monde, mais il espère toujours que l'on comprendra la plaisanterie, non ?

— Oui, dit-il après avoir considéré cette éventualité. Vous êtes perspicace.

Le sourire de Fen fit apparaître ses fossettes.

— Mr Holt n'était pas pareil, renchérit-elle. Nul n'était censé comprendre ce qui le faisait rire. Mais si par hasard c'était le cas, on se rendait compte alors que ce n'était pas drôle et ça nous mettait mal à l'aise.

— Vous a-t-il déjà offensée ?

— Oh…

Elle avança d'un pas, les mains derrière le dos.

— Flirter ne me pose pas de problèmes, vous savez. Mr Da Silva est le casanova le plus affreux que je connaisse. C'est terriblement amusant et puis ce ne sont que des paroles désintéressées. En revanche, Mr Holt est un horrible séducteur. Il ne fait pas ça en public. Il veut être seul avec sa prétendante mais ne fait rien de remarquable. À sa façon de nous regarder, on a l'impression qu'il sait des choses sur nous.

Elle marqua une petite pause avant d'ajouter :

— J'imagine d'ailleurs que c'est le cas avec cette histoire d'espionnage. C'est un acte infâme.

Curtis ne poussa pas la curiosité jusqu'à demander à Fen ce que Holt pouvait bien savoir sur elle. Cela ne le regardait pas.

— Nous avons une chance d'y mettre fin. Nous pouvons appeler des gens pour qu'ils viennent prendre ces brutes la main dans le sac. Je dois seulement passer un coup de téléphone sans que l'opérateur n'écoute la conversation.

— Bien sûr, lui dit-elle en lui lançant un regard pétillant. Je pense pouvoir vous aider.

Ils ne purent pas agir dans l'immédiat. Lady Armstrong vint à leur rencontre en déclarant d'un air malicieux qu'elle venait remplacer Miss Merton dans le rôle de chaperon. Fen éclata de rire pour répondre à ce petit mot d'esprit en essayant de paraître le plus convaincante possible. Curtis regarda leur hôte et vit dans ses yeux qu'elle était tendue.

Ils furent redirigés vers le manoir. La plupart des gens offraient à leurs invités un programme de divertissements incessants pendant une telle fête. En revanche, la popularité de Lady Armstrong, et son succès de maître-chanteuse, venait de sa volonté à laisser ses convives disparaître deux à deux pendant la journée et de sa façon d'arranger les chambres pour faciliter les rencontres de nuit.

Néanmoins, un certain niveau de convenance devait

être maintenu. Les invités de cette petite réception, sauf James, furent réunis pour une initiation au tir à l'arc puisque ce sport était apprécié des hommes comme des femmes. Sir Hubert avait fait installer une rangée de cibles. Curtis prit vaillamment part à l'exercice. Il lui était quasiment impossible de manier l'arc, même s'il se concentrait au maximum – ce qui n'était pas le cas –, mais il se dit qu'il n'avait, au moins, pas besoin de s'excuser pour ses tirs bien loin de l'objectif.

Deux heures s'écoulèrent ainsi. Dans d'autres circonstances, il ne les aurait pas vu passer. Après cette activité, ils partirent déjeuner. Curtis maudissait Lady Armstrong pour ses petits soins incessants. Quand diable cette femme leur laisserait-elle du temps tous les deux ? Il pensait à Daniel, sans défense dans la maison, peut-être malade ou dans un état qui s'aggravait au fil du temps. Il pensait à Pat Merton qui attendait, seule. Certes, elle était armée, mais si James Armstrong la traquait, que se passerait-il ? Aurait-elle le courage de tirer ? L'heure tournait. Il n'y avait que très peu de chances que les renforts arrivent dans la journée. Plus il mettait de temps à appeler et plus les renforts arriveraient tard.

Curtis s'était retrouvé pris au piège par les forces boers dans un *kraal* sud-africain, perdu derrière les lignes ennemies pendant deux jours sans eau, ainsi qu'aux prises avec un hippopotame enragé – ce qui était nettement moins drôle que cela en avait l'air. Ces souvenirs étaient horribles et ne déclenchaient en lui aucune nostalgie. Pourtant, il supportait encore moins cette réception et ce manoir.

— Essayez le bœuf épicé, Mr Curtis, lui dit Lady Armstrong. Je crois que le cuisinier s'est inspiré d'une recette sud-africaine.

— Que mange-t-on en Afrique du Sud ? demanda Mrs Lambdon. Du zèbre et d'autres animaux de ce genre-là, j'imagine ?

Curtis était en train de leur répondre lorsque la porte

s'ouvrit et qu'un James Armstrong à l'allure fiévreuse fit son entrée.

— Tu es en retard, mon garçon, lui reprocha Sir Hubert en fronçant les sourcils.

— Je suis désolé, père. Veuillez tous m'excuser. Je suis parti me promener et j'ai perdu la notion du temps.

Curtis en doutait. Il soupçonnait James de s'être rendu dans la grotte où il avait trouvé… eh bien, avec un peu de chance il n'avait *rien* trouvé. Il devait se demander où étaient Daniel et Holt. Il s'était sûrement rendu compte qu'une bicyclette n'était plus là et donc que Holt n'était jamais revenu de sa balade.

Cherchait-il Daniel ? Avait-il des hommes à l'extérieur ? En Afrique du Sud, il y avait des pisteurs, des Bochimans, qui pouvaient suivre des empreintes pendant des kilomètres sur un sol qui ne présentait pourtant aucune trace visible. Cet homme rabougri aux cheveux en bataille, que l'on surnommait le Roi George, aurait pu rapidement marcher sur ses pas depuis la grotte jusqu'au pavillon de jardin. Il aurait également su qu'il portait un homme. Curtis pria donc pour que les pisteurs de Peakholme ne fussent pas aussi compétents.

James s'assit à la table du déjeuner après avoir encaissé une nouvelle réprimande de son père. Il semblait distrait et inquiet.

— Je croyais que vous retourniez dans le sud, Mr Curtis. Je me trompe ? demanda-t-il sèchement.

— Grâce au Ciel, mon genou me fait moins souffrir aujourd'hui, répondit Curtis avec un sourire cordial. Je ne me laisserai pas tenter par les longues promenades mais je peux très bien me balader. En parlant de ça, puis-je utiliser votre téléphone pour appeler mon spécialiste ? Juste pour demander conseil.

Il s'était adressé à Lady Armstrong, saisissant sa chance.

— Bien sûr. Quand vous voudrez. L'opérateur sera là

jusqu'à sept heures. Saviez-vous que nous avions notre propre opérateur pour la maison ?

— J'adorerais voir comment cela fonctionne, intervint Fen. C'est papa qui a conçu le système, mon cher Archie, le saviez-vous ? Il serait très déçu si je n'y jetais pas un coup d'œil. Puis-je me rendre dans votre central téléphonique ? Je ne comprends rien du tout à tous ces câbles, mais je pourrai lui dire à quel point ceux-ci ont l'air bien installés.

— Évidemment, ma chère, dit Lady Armstrong en se moquant légèrement d'elle, bientôt rejointe par tous les hommes.

Fen les gratifia d'un doux sourire.

Ils descendirent jusqu'au central téléphonique après cet interminable déjeuner. Alors qu'ils empruntaient l'allée en gravier, Fen lui dit :

— J'imagine qu'à cause de l'armée, vous connaissez beaucoup de mots injurieux ?

— Hm. Quelques-uns, répondit-il, perplexe.

— N'hésitez pas à les employer alors. De vous à moi, Pat utilise parfois un langage affreux. Elle a grandi avec quatre frères. Après ce repas avec tous ces gens, sa façon de parler me manque. Je pourrais sincèrement mettre une claque à Lady Armstrong.

Fen semblait agacée et indignée.

— Elle imagine que le corps sans vie de Mr Da Silva repose au fond d'un gouffre et elle, elle reste là, à farcir sa bouche de poulet froid et de croquettes de viande. Quelle belle brochette d'ordures.

— Je n'aurais pas dit mieux. Quel est votre plan ?

— Cela dépendra de l'opérateur. Suivez mes directives.

Le central téléphonique était caché dans une cabane discrète à côté du générateur. Elle était peinte en vert foncé pour ne pas attirer l'œil dans ces bois qui l'entoureraient un jour. Un ruisseau étroit mais rapide coulait à côté de la hutte et passait juste devant eux. Il faisait tourner un moulin qui approvisionnait une partie de la maison en électricité.

Fen frappa à la porte et offrit un sourire éclatant au petit homme chauve qui se présenta dans l'embrasure.

— Bonjour. Je suis Miss Carruth. Fenella Carruth. C'est mon père, Peter, qui a pensé ce système pour Sir Hubert.

Le visage de l'opérateur resta impassible. Il n'était apparemment pas un fanatique du téléphone.

— Oh. Bonjour, miss.

— J'ai la permission d'inspecter le central téléphonique. Sir Hubert m'a si gentiment proposé d'en informer mon père.

Elle entra dans la cabane et Curtis la suivit. Il regardait autour de lui, ignorant tout de ces tableaux de fils et de prises de courant.

— Dites-moi, est-ce qu'il a utilisé le transformateur Repton ?

— Je ne saurais le dire, miss.

Elle acquiesça avant de dire :

— Archie, laissez-moi vous montrer comment cela fonctionne. Pour connecter les appels, vous devez relier un téléphone à un standard. Voilà la partie avant pour les appareils de la maison. On branche la prise puis la partie arrière joint un autre téléphone. Attendez deux secondes que je me souvienne…

Elle usait de ses charmes avec l'opérateur.

— Quel est le fil qui relie l'opérateur à l'électricité et celui qui génère la tonalité ?

Curtis se dit alors que ce devait être la question la plus simple du monde pour cet homme. Il pourrait certainement lui répondre. Il expliqua le principe dans ses moindres détails, encouragé par les questions incessantes de Fen. Il rayonnait. Quelques instants plus tard, elle était assise au bureau et gloussait.

— Alors on relie simplement cette partie avant avec

cette partie arrière ? Mr Curtis, donnez-moi le numéro de téléphone de votre spécialiste, je serai votre opérateur !

Il s'exécuta et donna le numéro de son oncle. Fen continuait de rire sottement et brancha les câbles.

— J'appelle de la part de Mr Archibald Curtis, dit-elle d'une voix chantante dès que son interlocuteur décrocha.

Puis elle bondit sur ses pieds et dit d'une voix étouffée en lui tendant le récepteur :

— Que nous sommes malpolis. Nous ne pouvons tout de même pas écouter votre conversation avec un médecin, dit-elle en s'accrochant au bras de l'opérateur. Vous devriez me montrer le générateur pendant que nous laissons un peu d'intimité à Mr Curtis pour son coup de fil.

L'homme essaya de protester mais il avait été pris par surprise. Mais il n'y avait rien qu'il pût faire, à part refuser une faveur à une demoiselle. Elle le poussa dehors. De l'autre côté du téléphone, une voix posa une question.

— Je dois parler à Sir Maurice Vaizey. C'est un cas d'extrême urgence. Allez le chercher maintenant. La vie d'un homme est en jeu.

Curtis sortit de la cabane quelques instants plus tard puis rejoignit Fen et l'opérateur qui s'émerveillaient devant le générateur et les nouvelles technologies.

L'homme chauve semblait mal à l'aise lorsqu'ils s'apprêtèrent à quitter cet endroit.

— En principe, je n'aurais pas dû laisser cet équipement sans surveillance même pour une minute.

— Nous ne lui avons fait aucun mal, lui assura Fen.

— Non, miss. Mais il est plus important que mon travail.

— Sir Hubert comprendrait votre courtoisie, intervint Curtis. Mais si vous voulez, nous pouvons éviter de le mentionner...

— Je vous en serais reconnaissant, monsieur.

— Alors, me permettrez-vous au moins de...? demanda Curtis en lui laissant un généreux pourboire et en reprenant le bras de Fen.

Ils retournèrent jusqu'au manoir, satisfaits d'eux-mêmes.

Pat fit son apparition juste avant l'heure du dîner. Un courant d'air glacial l'accompagnait et elle avait les joues toutes rouges. Curtis n'eut pas l'occasion de lui parler avant qu'elle aille se changer. Ils devaient inévitablement se présenter tous les deux à la table de leurs hôtes ce soir. Il espérait simplement que Daniel était dans un assez bon état pour se surveiller lui-même pendant quelques heures. Il fut soulagé de voir que James Armstrong était également présent. Il décida de garder un œil sur ce dernier toute la soirée.

— Où est Mr Holt ? demanda Pat pendant un blanc. Est-il parti, lui aussi ?

— Nous n'en sommes pas certains, répondit Lady Armstrong. Il est sorti ce matin pour faire un tour en bicyclette, d'après ce que j'ai compris, et il n'est toujours pas revenu.

— Il a peut-être crevé. Les routes sont extrêmement rocailleuses. Je me demande si c'est lui que j'ai vu.

— Vous l'avez vu ? demanda James d'une voix tranchante.

— Je ne sais pas si c'était lui, répondit Pat patiemment. J'ai vu un homme, qui pourrait être Mr Holt, à l'heure du déjeuner. Je mangeais un morceau pour tenir le coup avant de grimper sur une pente rocheuse à une dizaine de kilomètres au nord-est.

— Oh, Pat, tu es fatigante, lui dit affectueusement Fen. Ta vie est désespérément saine.

— Mais est-ce que cet homme était Holt ? demanda James.

— Miss Merton vous a dit qu'elle n'en savait rien, déclara Lady Armstrong avec une pointe d'autorité. Nous avons déployé des hommes sur les routes. Pour l'instant, nous ne pouvons rien faire d'autre.

— Il a très certainement crevé. Personnellement, je ne

ferais pas de vélo ici. Je passerais mon temps à changer les pneus.

Pat parlait avec conviction.

— Oh, vous êtes une cycliste ? demanda Mrs Lambdon d'un ton désapprobateur.

Au plus grand soulagement de Curtis, la conversation dévia sur un autre sujet que l'homme qu'il avait tué.

Il put retrouver Pat avant l'heure du coucher. Les deux femmes s'étaient accaparées la table de jeu. Ainsi Pat, Fen et Curtis pouvaient jouer ensemble. Leurs capacités d'organisation l'émerveillaient et le stupéfiaient à la fois.

— Il n'est pas malade, murmura Pat. Il a mon revolver et la porte est verrouillée. Amenez-lui de l'eau.

— Il va bien ? demanda Curtis d'une voix aussi basse que possible.

Pat lui lança un regard qui semblait presque trop compatissant.

— Il est très nerveux mais il va s'en sortir.

Fen réussit un coup avec joie, ce qui ramena l'attention de Curtis vers le jeu. Il essaya de se concentrer du mieux qu'il le put – en d'autres termes, il se faisait battre à plate couture.

Il attendit avec une impatience grandissante que les autres invités regagnent leur chambre. Son séjour avait pris des allures cauchemardesques depuis qu'il savait que tous ces gens portaient des masques pour cacher leur véritable nature. Les manières joviales de Sir Hubert lui semblaient parodiques. James Armstrong et Lambdon lui apparaissaient non plus simplement bourrus mais carrément brutaux. Quant à l'agitation et aux petits soins de Lady Armstrong, ils le répugnaient par leur hypocrisie flagrante. Il se força à sourire et à jouer avant de retourner dans sa chambre, attendant la première opportunité qui se présenterait.

Chapitre Douze

Il attendit minuit passé pour se faufiler hors de la maison armé d'une bouteille d'eau, d'une flasque de whisky, d'une tourte au poulet chapardée dans la cuisine et d'un revolver. Il fit encore plus attention qu'auparavant en marchant avec beaucoup de précaution sur les graviers autour de la maison et se cachant à l'ombre des arbres et de leurs feuilles d'automne mouillées. Il avait conscience que les hommes d'Armstrong étaient sûrement toujours à la recherche de Holt. Il aurait aimé posséder la démarche aérienne de Daniel. Heureusement, il ne rencontra personne jusqu'au pavillon de jardin.

La porte était verrouillée. Il frappa doucement puis se recula pour être visible depuis la fenêtre, même si pour cela il devait s'exposer. Il espérait que Daniel n'était pas endormi.

Il entendit un raclement sur une lourde planche de bois et la porte s'ouvrit.

Daniel se tenait dans l'embrasure, ébouriffé, mal rasé et peu présentable dans les vêtements amples de Holt. Cette vision retourna le cœur de Curtis. Il se précipita dans le pavillon et son complice barricada la porte derrière lui.

Curtis comptait lui demander dès son arrivée s'il avait vu quelque chose qui pouvait laisser penser qu'on l'avait repéré, mais ses mots s'étaient envolés. Il était paralysé par l'envie de prendre cet homme dans ses bras à nouveau, juste pour le serrer contre lui et sentir sa chaleur.

— Curtis.

— Mon Dieu. Je suis content de vous voir, dit-il avec une honnêteté irréfléchie.

— Moi aussi, je suis content de vous voir. Enfin, pas autant que la dernière fois. Quoique je n'aimerais pas être aussi redevable envers quelqu'un d'autre comme je le suis envers vous.

Sa voix était puissante mais laissait entendre une petite pointe moqueuse.

Curtis essaya de déchiffrer l'expression de son visage malgré l'obscurité.

— Est-ce que vous allez bien ?

— Grâce à vous, oui. Et la remarquable Miss Merton, bien sûr. Si James Armstrong était venu ici, je suis certain qu'elle aurait tiré à vue.

— Je suis heureux qu'elle ne l'ait pas fait, dit Curtis avec la même voix cassante que son partenaire car ce dernier semblait ne pas partager les mêmes besoins que Curtis.

Contrôle-toi, idiot.

— En fait, je me suis promis de lui briser le cou.

Daniel inclina la tête comme pour juger les propos de son complice. Ils n'étaient qu'à une cinquantaine de centimètres l'un de l'autre et Curtis ressentait vivement et physiquement cette proximité.

— Vraiment ? J'imagine que vous dites vrai. Ce serait pourtant mieux si vous étiez en train de mentir.

— Pourquoi cela ?

— Nous avons besoin de savoir ce qu'ils ont vendu et à qui. Sir Hubert et Lady Armstrong sont brillants, Holt est mort. L'incroyable James est de loin celui qui sera le plus susceptible de parler une fois en détention provisoire. Vous remarquerez que je sous-entends que vous avez réussi à appeler les renforts.

— J'ai parlé à Sir Maurice dans l'après-midi. Il envoie des hommes qui arriveront dans la matinée. Nous n'avons plus qu'à attendre sa venue. Pour ce faire, j'ai apporté un revolver, de la nourriture et à boire.

— De l'eau ou une véritable boisson ?

— Les deux.

— Vous, je vous aime bien.

Son ton était léger mais les mots s'attardèrent un peu trop longtemps. Curtis regardait fixement cette forme sombre tout en souhaitant avoir plus de lumière.

— Venez par là, c'est plus confortable.

Daniel le conduisit jusqu'aux escaliers qui menaient à l'étage où les fenêtres à meneaux laissaient pénétrer la lumière de la lune.

— Qu'en est-il de Holt ?

— Il est porté disparu, bien sûr. James se doute de quelque chose mais Pat a fait pas mal d'efforts pour le lancer sur une fausse piste. Je ne pense pas que les Armstrong paniquent pour l'instant.

— Avec un peu de chance, les renforts seront là avant qu'ils commencent à s'en faire.

Les couvertures de pique-nique étaient empilées sur le parquet. Daniel les lui montra d'un geste de la main tel un hôte gracieux et ils s'assirent tous les deux, côte à côte, le dos appuyé contre le mur en pierre. Il était froid mais la sensation restait supportable. Curtis lui passa la nourriture et les boissons.

— Merci, répondit Daniel en prenant une bouchée de tourte. Dites-moi, comment avez-vous su que j'étais dans la grotte ?

— Eh bien, je ne voyais pas pourquoi vous auriez fichu le camp dans la cambrousse avec toutes vos affaires. Les Armstrong ont prétendu vous avoir demandé de partir parce que vous aviez triché aux cartes avec Holt et James.

— Si j'avais triché aux jeux avec ces deux-là, vous l'auriez su parce qu'ils se seraient promenés en caleçon après avoir perdu jusqu'à leur chemise.

— Pour moi, vous étiez effectivement capable d'avoir truqué les cartes.

Curtis était étrangement fier des succès de son partenaire.

— En effet, mais je ne l'ai pas fait. Continuez.

Il lui expliqua ensuite la remarque d'Armstrong et la déduction qu'il en avait faite. Daniel se retourna pour le regarder. Il gigotait, apparemment gêné.

— Qu'y a-t-il ?

— Vous avez marché plus de trois kilomètres pour explorer une grotte au beau milieu de la nuit sur une simple hypothèse découlant d'une phrase prononcée par cet idiot d'Armstrong ?

— C'était ma seule idée. Je ne savais pas quoi faire d'autre.

— Je ne vous fais pas un reproche. Je m'extasie seulement de la chance que j'ai eue. Écoutez, Curtis, je ne saurais vous dire à quel point je suis reconnaissant…

— Ne le soyez pas. Non, vraiment. Vous m'avez assez remercié la nuit dernière.

En soit, ce n'était pas vrai, mais il n'avait pas besoin de gratitude. De plus, il ne pouvait supporter d'entendre la voix de Daniel trembler de colère et de honte.

— Ce n'était rien de plus que ce qu'un homme digne de ce nom aurait fait dans de telles circonstances. Vous auriez fait la même chose pour moi.

— Détrompez-vous, mon cher ami. Je ne l'aurais même pas fait pour ma propre mère. Je suis un véritable lâche une fois entré dans un souterrain. Et j'ai retenu la leçon, je garderai cette information pour moi à partir de maintenant.

— Je connaissais un homme à l'armée qui avait une peur panique des araignées. Il était aussi grand que moi, costaud. Un vrai dur à cuire terrifié face à une petite araignée. Le pauvre.

— Vous l'avez sans aucun doute ridiculisé pour ça, sans même un peu de compassion. Je suis bien conscient que c'est irrationnel et lâche et tout ce que vous voudrez. J'ai juste... Enfin, je sens la Terre sur moi. Je ressens tout son poids, ses millions de tonnes, ses millions d'années qui m'écrasent la tête...

Curtis posa une main sur son épaule pour l'arrêter.

— Savez-vous ce qu'un sergent nous a dit avant que j'aille pour la première fois sur un champ de bataille ?

— Non ?

— Il nous a dit que le meilleur conseil qu'il avait à nous donner était d'aller aux latrines au bon moment car nous allions, pour la plupart, nous souiller sous le coup de la terreur.

Daniel se retourna pour regarder Curtis qui le gratifiait d'un grand sourire.

— Ce que je veux dire, c'est que nous ne pouvons pas vaincre nos peurs. Il ne s'agit pas de savoir si vous pleureriez la nuit avant une bataille importante — je connaissais un soldat vraiment courageux qui le faisait souvent —, mais de savoir si vous y retourneriez tout de même le lendemain.

— Quel était votre rang ? demanda Daniel.

— Capitaine.

— Vraiment ? Je suis surpris d'apprendre que n'étiez pas général.

Le ton était acerbe, mais bien plus fidèle au Daniel qu'il connaissait. Une seconde après, Daniel se pencha pour s'appuyer contre lui. Curtis passa un bras autour de son cou pour qu'ils soient tous les deux installés plus confortablement.

— Aviez-vous peur ? demanda soudainement Daniel. Pendant les batailles ?

— Pas vraiment. J'ai très peu d'imagination. C'étaient ceux qui étaient dotés d'un esprit bien plus créatif qui souffraient le plus.

— Les lâches meurent mille fois avant de mourir[19], n'est-ce pas ?

19 Cette citation est tirée d'une réplique de César dans la scène 2 de l'acte II de la pièce éponyme écrite par William Shakespeare.

Curtis secoua la tête.

— Ces hommes risquaient leur vie pour leur pays. Les lâches ne font pas ça.

Daniel resta silencieux pendant un moment mais Curtis était certain qu'il se détendait. Il regarda les cheveux de son compagnon, puis sa nuque. Il voulait tellement se pencher et toucher cette peau de ses lèvres, simplement l'effleurer.

— Au fait, que s'est-il passé ? Comment vous ont-ils attrapé ?

— Oh. Un coup de malchance. Je me suis introduit dans le couloir de service pendant que tout le monde était au rez-de-chaussée. Je pensais qu'il n'y aurait personne. Malheureusement, cette brute de March est venue avec quelques-uns de ses amis et a appelé Holt. Je n'avais aucune chance de m'en sortir avec ces deux-là et depuis le couloir, il était impossible de passer à côté de leur affaire de chantage avec ces appareils photo et ces miroirs.

Il s'appuya un peu plus contre Curtis.

— Bien sûr, Holt ne m'aime pas, que ce soit à cause du fait que je sois juif ou à cause de cette stupide partie de billard pendant laquelle j'en ai fait trop alors que j'aurais dû m'abstenir.

Il soupira.

— Je ne me suis clairement pas couvert de gloire pendant cette mission.

Curtis resserra son bras.

— Que s'est-il passé ensuite ?

— Holt voulait savoir comment j'étais entré et si vous saviez ce que j'étais en train de faire. Je me suis mis à pleurnicher comme une mégère. Je faisais le maximum d'efforts pour le persuader que je n'étais qu'un voleur opportuniste mais il ne m'a pas cru. Ce fut à ce moment-là qu'il eut la brillante idée de m'emmener dans la grotte.

Il déglutit convulsivement.

— Il envisageait de m'y laisser toute la journée pour que je sois plus disposé à lui dire ce qu'il avait envie d'entendre.

C'était bien joué de sa part. Mais cela n'a même pas pris une journée. Pas avec ces satanées gouttes d'eau qui me tombaient dessus et ce f-froid…

Il s'arrêta net, prit une grande inspiration et expira profondément. Puis il poursuivit d'une voix au tremblement à peine perceptible :

— Holt était trop intelligent pour son propre bien. Honnêtement, je ne pense pas qu'il ait cru que j'étais plus qu'un simple voleur. À mon avis, il voulait simplement trouver une raison de me torturer. Ou juste de torturer quelqu'un, et comme je m'étais retrouvé dans une position vulnérable…

— Je suis vraiment désolé de lui avoir donné cette idée avec cette histoire.

— Moi, non. Pour la simple et bonne raison que je n'aurais pas apprécié qu'il utilise des couteaux ou des aiguilles. De plus, c'est grâce à sa volonté de me voir devenir fou dans un souterrain que vous avez pu m'atteindre. Pour ça, je vous…

— Chut.

Curtis l'attira contre lui et sentit Daniel se tourner pour passer ses bras autour de lui.

Ils restèrent l'un contre l'autre en silence, dans cette obscurité glaciale avec la seule lumière grise de la lune au travers des fenêtres à meneaux pour les éclairer. Curtis se surprit à caresser les cheveux de Daniel. Celui-ci n'objecta pas.

— Holt, dit-il enfin. Vous l'avez tué.

Les mains de Curtis s'arrêtèrent brièvement.

— Oui.

— J'étais dans un drôle d'état à ce moment-là avec le froid, après toute une journée à avoir une peur bleue. J'admets que je n'avais pas toute ma tête. Néanmoins, il me semble que vous ne l'aviez pas non plus.

— Non, dit simplement Curtis car il ne savait pas quoi dire d'autre.

— Était-ce ce qu'ils appellent la fureur du berserk ?

— Vous avez lu le livre de mon oncle, n'est-ce pas ?

— Oui. Mais j'ai également lu beaucoup de sagas islandaises, répondit étonnamment Daniel. J'ai fait mon mémoire de maîtrise sur le vieux norrois[20].

— Vous avez une maîtrise ? dit Curtis avec la crainte instinctive d'un homme qui avait obtenu sa place à Oxford grâce à ses qualités de boxeur.

— L'équivalent allemand. Je l'ai obtenu à l'université d'Heidelberg. J'ai donc lu un bon nombre de descriptions des guerriers berserks et je dois dire, Curtis... Vous sembliez deux fois plus robuste que d'habitude, vous ne cessiez de rire, ce qui était troublant, et je ne parle pas du fait que vous lui ayez brisé la nuque à mains nues. C'était un véritable spectacle. Je ne le dis pas pour critiquer, j'étais simplement surpris. Plus comme si un homme était tombé sur une légion romaine toujours en vie au vingtième siècle.

Curtis frissonna.

— Je ne sais pas quoi vous dire. Quatermain, l'écrivain, avait l'habitude de dire que mon oncle et moi avions les mêmes caractéristiques que nos ancêtres nordiques. Comme une mémoire génétique ou quelque chose comme ça. Ce sont des inepties, si vous voulez mon avis. Je perds le contrôle de moi-même de temps en temps, c'est tout. Je n'aime pas ça.

— Non, j'imagine. Est-ce que Holt vous a blessé avec son couteau ?

Curtis apprécia l'absence de compassion ou d'excuse dans cet habile changement de sujet. C'était une des choses qui rendaient si faciles les discussions avec Daniel, du moins, quand il n'était pas d'humeur à lancer des piques.

— Il m'a touché à l'avant-bras. La coupure n'est pas profonde. C'est ma veste qui a le plus souffert.

Il avait caché son manteau déchiré et sa chemise ensanglantée dans son armoire avant de refermer sa blessure

---

20 Langue parlée en Scandinavie jusqu'à la fin de l'époque des Vikings.

avec des bandes de plastique collantes. Ce n'était pas confortable, mais cela l'aiderait à guérir.

— C'est indigne de sortir un couteau. Bien sûr, il avait peur de vous et était terrifié à l'idée de mourir, mais quand même.

Daniel secoua la tête et dit, avec une certaine satisfaction et une honorable imitation de Holt :

— C'est un coup bas digne d'un foutu métèque.

— J'ai pensé à la même chose ! s'exclama Curtis.

Il sentit le corps de Daniel secoué par un rire silencieux. Ils étaient plus ou moins allongés l'un contre l'autre. Curtis était sur le dos avec son complice, étendu à ses côtés, ce qui aurait été agréable si sa colonne vertébrale n'avait pas été si douloureuse.

— J'ai besoin de m'asseoir, dit-il avec regret.

Daniel roula sur le côté et Curtis ne sut quoi lui dire pour le ramener près de lui. Il s'assit, les jambes écartées et les genoux pliés.

— Il fait vraiment froid.

— Devrions-nous nous blottir l'un contre l'autre pour plus de chaleur ? s'enquit Daniel tout en bougeant pour aller se placer entre ses jambes, le dos appuyé contre son torse.

Le cœur de Curtis se mit à battre un peu trop fort mais il passa les bras autour des épaules de son partenaire et s'autorisa à s'abandonner avec délice à cette proximité.

— Pourquoi êtes-vous allé à Heidelberg pour votre maîtrise ? demanda-t-il, histoire de parler. Enfin, pourquoi avoir choisi l'Allemagne ?

— Pour différentes raisons, répondit Daniel, qui ajouta, après un moment de silence : J'ai été renvoyé de Cambridge.

— Oh.

C'était un sacré problème.

— À cause de… hum… votre vie personnelle ?

— En quelque sorte.

Daniel pencha la tête en arrière.

— Il y avait un jeune adonis dans l'équipe d'aviron. Un garçon magnifique. Un membre de la jeune noblesse anglaise. Le type même à faire rêver un va-nu-pieds de l'East End. Je m'étais complètement entiché de lui et... je l'intéressais également. Un jour de printemps baigné de soleil, l'équipe nous a surpris dans le hangar à bateaux. Ensuite, il y a eu les messes basses, les conversations gênantes. Alors mon bien-aimé a décidé d'aller expliquer les choses au doyen et il m'a accusé d'outrage à la pudeur.

— Quoi ?

— Oh, il avait bien réfléchi, vous savez, commenta Daniel sans se retourner. Il était le deuxième fils d'un duc. Il pouvait perdre sa position sociale tandis que moi, je n'étais que le fils d'un serrurier de Spitalfields. Toute ma famille avait dû grappiller le moindre centime à droite et à gauche pour me payer ma place à Cambridge. Lui, il était dans son élément. Pas moi. En outre, j'avais beaucoup moins à perdre que lui en me faisant renvoyer honteusement. Il en était certain.

Curtis déglutit. Il lui fut difficile de parler d'une voix égale.

— Daniel, c'est...

Il s'interrompit, à court de mots.

— C'était assez horrible. Bien sûr, le doyen savait que c'était du vent. Mais il avait la même opinion que mon ancien amant sur notre importance respective pour l'université. Au moins, il fut gêné au point de cacheter les documents rapportant l'incident. Cette histoire n'a donc pas anéanti ma carrière comme cela aurait dû être le cas. Peu après, j'ai obtenu une bourse d'Heidelberg qui mettait fin aux réprimandes de ma famille. C'était sans doute la meilleure solution. J'aurais dû le remercier.

— Quel salopard égoïste.

— Il n'a pas eu la belle vie. Deux ans après, il a été arrêté totalement par hasard lors d'une descente de police dans un club sur Cleveland Street. Beaucoup ont été emprisonnés. Lui s'est suicidé en se tirant une balle après avoir été relâché.

— Oh mon Dieu.

Curtis ne savait pas quoi dire après une telle histoire. Il avait si souvent entendu dire que « les hommes comme ça devraient se suicider ». C'était la première fois qu'il découvrait que certains le faisaient vraiment.

— Oui.

Daniel resta silencieux un moment.

— Ça suffit. Je ne sais pas pourquoi je vous embête avec ce conte lamentable.

— Je suis heureux que vous m'en ayez parlé.

Curtis fronça les sourcils en réfléchissant.

— Vous faites attention, n'est-ce pas ? Vous ne risquez pas de vous attirer des ennuis ?

Daniel se figea une seconde.

— Par m'attirer des ennuis, vous voulez dire rester une journée attaché à un rocher en attendant d'être tué ?

— Non, je parle de la police.

— Oui, je sais, mon cher. Je suis juste fasciné par votre façon de voir la vie. En fait, je prends beaucoup de précautions, même si vous croyez le contraire.

Curtis ne croyait rien du tout. Il réfléchissait à cette menace qui pesait sur Daniel et à laquelle il n'avait jamais pensé.

— Vous n'êtes pas de ce genre-là. Vous me l'avez bien fait comprendre.

— Peut-être bien, mais ce n'est pas illégal. Il faut être pris sur le fait. La police n'arrête pas encore les hommes parce qu'ils sont maniérés. Ne vous inquiétez pas. Je sais ce que je fais.

Curtis ne pouvait pas en dire autant, mais le ton de Daniel l'avertissait qu'il valait mieux laisser tomber le sujet.

— Si vous le dites.

Il fit glisser sa main sur le lin froissé et le lissa sur la peau qu'il recouvrait.

— Comment en êtes-vous venu à travailler pour mon oncle ? Vous… hum… n'avez pas l'air d'un agent secret.

— Mon cher ami. J'ouvre des serrures, me déplace silencieusement, sais me comporter comme un gentleman et parle la langue de l'un de nos principaux rivaux européens. J'ai le profil type d'un agent secret et certaines personnes ont l'œil pour les trouver.

— Même avec ce… hum.

— Surtout avec ce *hum*. Votre vénéré oncle m'a dit une fois qu'il était commode d'avoir quelques homos sous la main qu'il pouvait appeler en cas de besoin. Je lui ai assuré que je pensais la même chose.

— Vous n'avez pas osé.

— Si. Mais il n'a pas ri.

— Je n'en doute pas, dit faiblement Curtis qui pensait à cet oncle terrifiant. Vous avez du cran.

Il caressait le torse de Daniel de bas en haut, s'aventurant plus loin à chaque fois. Il se sentait privilégié d'être ainsi assis dans le noir, à le caresser. Il écarta les doigts et sentit une chose étrangement solide. Il passa plusieurs fois dessus, sans réfléchir à ce qu'il faisait, et remarqua que c'était petit, rond et dur. Il comprit qu'il caressait l'anneau sur le téton lorsque Daniel ronronna pour l'inciter à continuer.

— Oh, dit-il en reposant la main dessus et en l'effleurant de la plus légère des caresses cette fois-ci.

Daniel se cambra pour se coller à la main de Curtis, qui appuya fermement sur l'anneau.

— Est-ce que… Puis-je…

Il ne savait absolument pas ce qu'il était en train de demander mais Daniel dit d'une voix rauque :

— Vous pouvez.

Il ouvrit quelques boutons et Curtis passa la main sous la chemise ouverte. Il découvrit la peau douce et chaude de son partenaire. Ses doigts se posèrent directement sur l'anneau en métal et le téton durci. Ils frémirent tous deux à cette sensation. Curtis continua à le caresser avec son pouce et son index. Il ne savait pas vraiment ce qu'il faisait mais il était conscient de l'effet qu'il avait sur cet homme. La respiration de Daniel s'approfondit. Il bougeait sous la main de Curtis. Et il s'agissait peut-être de l'ombre projetée par la lumière de la lune mais…

Curtis maudit sa main mutilée mais il était tout de même content que son gant dissimule cette monstruosité, même s'il l'empêchait de ressentir certaines sensations. Il se pencha en avant et continua de caresser le torse de Daniel de sa main gauche. Il effleura la taille de son complice et s'aventura plus bas avec la droite.

Oui, le doute n'était plus possible : Daniel était excité par ce qu'il lui faisait.

Il commença à caresser Daniel à cet endroit également. À travers le tissu noir, il fit glisser sa main sur son entre-jambe raide. Son partenaire gémit et fléchit les hanches en signe d'invitation. Curtis comprit que son pouce et son index ne lui seraient d'aucune utilité pour ce qu'il voulait faire.

— Attendez, murmura-t-il en pinçant le téton de Daniel.

Il accueillit le hoquet qui suivit et qui résonna directement dans son bas-ventre.

— Laissez-moi juste…

Il posa sa main valide sur la taille de son compagnon et approcha celle gantée de son téton.

Daniel secoua la tête en sentant le cuir.

— Enlevez-le.

— Quoi ?

— Le gant.

— Ce n'est pas beau à voir.

— Ce n'est pas votre jugement esthétique qui m'intéresse, c'est votre peau.

Curtis hésita mais il faisait sombre et il avait tellement envie de le toucher. Il retira le tissu noir et le laissa tomber sur le côté. La cicatrice noueuse apparaissait foncée sous la faible luminosité. Daniel approcha sa main élégante de cette mutilation et enroula les doigts autour du poing de son partenaire. Puis il le guida à nouveau jusqu'à son torse.

Après tout, un pouce et un index étaient tout ce dont Curtis avait besoin pour cela.

Il s'occupa des boutons du pantalon et se remémora qu'après sa nuit horrible, l'autre homme n'avait plus de caleçon. Il saisit son érection à pleine main. Elle était semblable au reste de son corps : allongée, fine et douce. Il la caressa de bas en haut tout en continuant de s'occuper du téton. Il sentit Daniel se cambrer contre lui. Curtis avait du mal à croire que c'était lui qui procurait une telle extase à cet homme.

— Daniel, chuchota-t-il.

Ce dernier avait la tête rejetée en arrière, les yeux fermés, la bouche ouverte et le dos arqué. Il donnait de légers coups de bassin dans la main de son partenaire mais lui laissait imposer le rythme. Curtis comprit qu'il était désormais maître du corps consentant et réactif de cet homme et cette pensée fit douloureusement palpiter son membre.

— Oh mon Dieu, Daniel. J'aurais dû faire ça avant. J'en avais envie.

Il avait également eu envie de faire autre chose. Il gigota et se pencha tout en laissant ses mains travailler du mieux qu'elles pouvaient. Il enfonça le visage contre le torse de son partenaire. Il était si doux, si chaud. Une goutte de sueur salée vint à la rencontre de ses lèvres. Il trouva l'autre téton de Daniel et l'embrassa.

— Vous auriez dû faire ça avant, grogna ce dernier, tandis que Curtis suçotait et léchait, émerveillé par sa propre audace. Nous n'aurions dû faire que ça toute cette semaine. Oh oui, comme ça, comme ça.

— Je voulais vous toucher, chuchota Curtis si bas qu'il

ne savait pas si Daniel pouvait l'entendre ou même s'il l'écoutait.

Les hanches du poète bougeaient de plus en plus vite et son membre continuait de se raidir dans la main du soldat.

— Je voulais vous toucher depuis tout ce temps. Dans ma chambre, avec vos boutons de col, j'ai cru que vous me feriez craquer rien qu'en parlant.

Daniel rit, le souffle court.

— Un jour, j'y arriverai.

— Je veux vous faire craquer. Je veux vous faire jouir.

Daniel gigotait et cambrait le dos sans faire de longs discours, pour une fois. Curtis resserra sa poigne sur le téton, le pinçant. Il grogna triomphalement quand son complice haleta avant de jouir, se répandant sur la chemise de Holt, son propre torse nu, ainsi que sur les doigts de Curtis. Les dernières gouttes de semence retombaient lorsqu'un chuchotement lui rappela que le membre de Daniel était désormais devenu hypersensible.

Ce dernier s'effondra brutalement, vidé de toute énergie. Curtis se mordit la lèvre pour contrôler sa propre excitation et profiter de ce moment. Il se sentait comme un héros conquérant tandis que Daniel, ébouriffé et épuisé, semblait tout à fait conquis.

— Pourquoi souriez-vous ? demanda ce dernier sans ouvrir les yeux.

— Pour rien.

Curtis regarda le torse nu et les tétons foncés.

— Pourquoi n'en avez-vous percé qu'un seul ?

— Si vous pouviez me faire ressentir cela en jouant avec mes deux tétons, je ne sortirais plus jamais de mon lit.

Curtis ne put s'empêcher de rire et Daniel lui répondit d'un sourire. Le premier sortit un mouchoir et essaya de nettoyer son partenaire du mieux qu'il put. Puis il arrangea ses vêtements sur lesquels il tira pour rapprocher le poète de lui. Enfin, il posa une lourde couverture sur eux deux.

— Laissez-moi… commença Daniel.

— Non, restez ici.

Il devait cette extase à Daniel et il n'aurait pas d'autre occasion de le serrer dans ses bras toute une nuit. Deux jours plus tôt, cette séparation lui avait semblé inévitable. La nuit précédente, il s'était senti pathétiquement reconnaissant que cet homme fût en vie. À présent, il lui était insupportable de savoir que tout cela finirait bientôt. Il s'accrocha à lui pour le tenir au chaud, en sécurité et proche de lui.

Daniel dessinait des formes sur ses jambes à l'aide de ses doigts. Il prit la parole après un long silence.

— Comment m'avez-vous ramené de la grotte ?

— Je vous ai porté. Pourquoi ?

— Je m'inquiétais pour votre genou blessé, c'est tout, dit-il avant de se relever. Bon sang, Curtis. Je m'attendais à ce que vous disiez que vous aviez une bicyclette ou une carriole ou un porteur. Vous ne vous êtes pas fait mal ?

— Pas du tout. Mon genou ne s'est jamais porté aussi bien depuis Jacobsdal. Je suis sérieux, insista-t-il alors que Daniel se retournait, incrédule. Les médecins me disent depuis des mois que mon genou ne souffre d'aucun dommage permanent, que la douleur est inexplicable et que faire de l'exercice est tout ce dont j'ai besoin. Ils ont peut-être raison. En fait, j'ai moins mal depuis que je suis venu ici. Je ne décrirais pas ça comme une cure de repos, mais ça a marché. Ça revient au même.

— Vraiment ? demanda Daniel en se recouchant. Hum.

— Quoi ?

— J'ai rencontré un homme à Vienne. Un médecin plein d'avenir qui avait des idées intéressantes à ce sujet. Il vous dirait probablement que votre esprit a inventé cette douleur et qu'il l'a fait disparaître.

— Quoi ? Pourquoi ferait-il ça ?

— L'idée est que votre subconscient – vous savez ce que c'est, n'est-ce pas ? – a une influence sur le corps. Par exemple, peut-être vous êtes-vous senti coupable de ne plus pouvoir vous battre en tant que soldat, alors votre corps a réagi comme si vous aviez été blessé. Il a créé cette douleur pour justifier que vous ne soyez pas apte à combattre. Une fois que vous avez repris du service, vous n'aviez plus besoin de vous infliger cette blessure et la douleur s'est envolée. Ou quelque chose comme ça.

— Quelle ramassis de sottises. Pourquoi diable s'infligerait-on ça volontairement ? Comment ?

— C'est inconscient, voilà le problème. C'est comme dans la magie africaine, d'après ce que j'ai lu, quand un sort est jeté à un malheureux qui finit alors par dépérir. Cela se produit-il vraiment ?

— Oui. Mon oncle en a déjà été témoin.

— Est-ce que c'est de la magie ?

— Non, bien sûr que non. Les victimes sont persuadées qu'elles vont mourir, alors c'est ce qu'elles font.

— Exactement. Le subconscient affecte tout le corps. N'est-ce pas la même chose ?

— Mais ce sont des superstitions d'indigènes, alors que moi, je suis un Anglais éduqué.

— Avec un genou beaucoup moins douloureux.

— Oui, mais… Non, cela n'a aucun sens.

Daniel haussa les épaules.

— Je ne sais pas. C'est une théorie nouvelle. Mais ce docteur m'a semblé être un jeune homme très brillant. D'ailleurs, j'ai été le voir pour lui parler de ma peur des souterrains puisqu'il a déjà obtenu des résultats remarquables avec d'autres phobies. Il m'a dit que c'était certainement lié à mon homosexualité, alors à vous de vous faire votre propre opinion.

Curtis cligna des yeux.

— À votre…

— Homosexualité. Inversion. Attraction pour le même sexe, mon cher. Vous devriez lire Krafft-Ebing.

Curtis ignorait ce que c'était et il se dit qu'il ne valait

mieux pas qu'il le découvre. Il répliqua en revenant au sujet principal :

— Ce type pense que vous avez peur des grottes parce que vous êtes un inverti ?

— En effet, c'est sa théorie.

Curtis n'avait aucun mal à trouver la logique dans ce baratin.

— Eh bien, ça ne tient pas la route. Puisque moi, je n'ai pas peur de…

Il s'arrêta net. Il y eut un silence chargé d'électricité pendant quelques secondes puis Daniel prit la parole d'un ton léger et désinvolte.

— Nous avons donc une hypothèse à vérifier. Combien de fois un homme doit-il branler un type avant d'être paralysé par la peur dans une cave ? N'hésitez pas à faire vos recherches en profondeur pour prouver cette théorie, conclut-il en battant frénétiquement des cils.

— Vous dites beaucoup d'inepties, dit Curtis en caressant doucement les doigts de Daniel.

— Ne m'en tenez pas pour responsable. C'est sur le docteur viennois qu'il faut rejeter la faute.

Daniel fit une pause avant de reprendre :

— En revanche, il avait des opinions fascinantes. Savez-vous ce qui vient entre l'art et la scène ?

Curtis se dit qu'il s'agissait là d'une autre de ces idées modernes. Prudemment, il demanda :

— Quoi ?

— *Neun*[21].

C'était une plaisanterie potache qu'il avait entendue des dizaines de fois à Eton pendant le cours sur les chiffres en allemand. S'il y avait bien une chose qu'il ne s'attendait pas à entendre de la part de Daniel, c'était bien ça. Curtis éclata de rire, pas seulement à cause de ce jeu de mots absurde mais aussi parce qu'il s'était fait avoir si facilement. Son partenaire, toujours allongé contre lui, riait gaiement. Curtis le serra contre lui jusqu'à ce que les

---

21   Chiffre neuf en allemand, précédé de *acht* et suivi de *zehn*.

larmes de joie coulent sur son visage pour la première fois depuis Jacobsdal. Ils étaient là, tous les deux, en sécurité dans cette maison loin du monde.

Chapitre Treize

Ils restèrent assis en silence après leur fou rire et partagèrent le whisky. Daniel prit une gorgée puis passa la flasque.

— Voulez-vous dormir ?

— Je monte la garde. Dormez.

— J'ai dormi toute la journée. Je vous réveillerai en cas de pépin. Craignez-vous que nous en ayons ?

— Je ne vois pas pourquoi nous en aurions. Sir Maurice m'a dit d'attendre les renforts tôt dans la matinée. Je retournerai au manoir et essaierai d'agir le plus normalement possible.

— Bien. Le problème va être de les empêcher de détruire les preuves une fois qu'ils auront compris que nous les avons démasqués. Vaizey va vouloir savoir qui a fait quoi et pour cela, il voudra les dossiers.

— D'ailleurs… dit Curtis à contrecœur.

— Oui, je sais. Je n'ai pas pu dérober les photos de nous. Nous devons le faire. Je ne pense pas que ce soir…

— C'est hors de question.

— Alors nous devrons régler ça demain. Laissez-moi faire.

Daniel hésita avant d'ajouter :

— Écoutez, le pire qui puisse nous arriver, c'est que les Armstrong mettent ces photos entre les mains de Vaizey ou de ses hommes. Peu importe ce qu'il en pensera, il ne les laissera pas les divulguer. Il est doué pour garder des informations confidentielles.

— Je ne voudrais tout de même pas qu'il tombe sur ces photos.

C'était peu dire. Sir Maurice avait un tempérament froid et féroce ainsi qu'une forte personnalité qui continuerait de faire passer Curtis pour un écolier bégayant même quand il aurait cinquante ans. Plus encore, Sir Henry et lui étaient sa famille, les personnes qui se rapprochaient le plus de ses parents. Ils ne devaient pas avoir connaissance de ceci. Curtis ne croyait pas que ce qu'il faisait en ce moment, c'est-à-dire rester allongé avec Daniel, était quelque chose de mal tant c'était facile et agréable. Mais il n'avait aucune intention de tenter de faire comprendre cela à ses oncles. Les décevoir n'était même pas envisageable.

— Bien sûr. J'essaierai d'éviter ça. Mais si jamais il les trouve, laissez-moi gérer ça. Si je lui dis que vous vous êtes retrouvé dans cette situation contre votre gré…

— Non, répondit Curtis avec force.

— Alors je dirais que nous prenions juste la pose. Ou quelque chose comme ça. Laissez-moi régler cette affaire, d'accord ?

— Je ne vais pas vous laisser assumer toute la responsabilité.

— Je ne vous propose pas de tout mettre sur mon dos mais sur celui des Armstrong. Je m'incline devant votre expérience quand il est question de violences physiques, mon cher Viking. Dans ce cas-là, je souhaiterais que vous me laissiez me charger de la ruse.

— Votre cher quoi ?

Daniel roula sur le côté pour pouvoir caresser le torse de Curtis. Il glissa un doigt entre les boutons de chemise puis sur le duvet qui recouvrait le corps de son partenaire.

— Viking. Grand, musclé, effréné…

— Bon Dieu, vous n'allez pas recommencer ?

Les yeux de Daniel étaient semblables à deux étoiles

noires, dont le regard filtrait sous des paupières à moitié fermées.

— Un bel homme puissant avec un penchant pour les viols et les pillages.

— Oh Seigneur ! s'exclama Curtis, préférant rire plutôt que de rester choqué. On ne dirait pas que vous êtes un poète.

Il fit une pause avant de demander :

— Vous en êtes un, n'est-ce pas ? Vous êtes un poète ? C'est vous qui avez écrit ces vers, ce n'est pas seulement pour votre couverture ?

— Bien sûr ! répondit Daniel d'un ton offensé, dans lequel ressortait son accent de l'East End. À votre avis, qui les avait écrits ? Notre cher Premier Ministre ?

Curtis sourit, absolument charmé par cette petite fissure dans son armure.

— Je ne pensais pas que quelqu'un d'autre avait pu les écrire. Ils sont exactement comme vous.

Daniel haussa les sourcils, à la fois méfiant et perplexe.

— Ils sont incompréhensibles, bien trop intelligents, cachent beaucoup de choses et sont assez beaux, expliqua Curtis.

Son compagnon ouvrit la bouche mais ne dit rien. Il se releva, se retourna pour faire face à Curtis, prit son visage entre ses mains et l'attira vers lui pour l'embrasser.

Ses lèvres étaient douces et tendres et il pressa sa langue audacieuse contre la bouche de Curtis. Ce dernier, émerveillé et électrifié, le laissa entrer avant de s'autoriser à savourer ce goût et cette liberté d'explorer. Il l'embrassait enfin. Au début, leur baiser resta calme jusqu'à ce que Curtis entende, ou plutôt ressente, le murmure de Daniel contre sa bouche. Ils commencèrent à s'embrasser plus passionnément. Curtis sentit les mains de son compagnon lui caresser les épaules tandis que lui-même parcourait son dos de ses doigts. Dans un besoin urgent, il l'attira contre lui. Daniel était dans ses bras maintenant, il se cambrait vers lui et l'embrassait si profondément que ses dents écrasaient ses lèvres chaudes et désespérées. Ses mains étaient accrochées aux cheveux de Curtis. Ce dernier arrêta de réfléchir et se concentra sur la sensation de cette barbe naissante sur sa peau, cette bouche dévorant la sienne et ce corps mince qui s'enroulait autour de lui comme si Daniel voulait que sa peau et celle de son partenaire ne fassent qu'une.

Peu à peu, leur baiser redevint calme mais le désir qu'il avait créé atteignait un point critique. Curtis fit glisser ses doigts sur le visage et les cheveux de son partenaire en faisant attention de ne pas érafler la peau avec sa cicatrice. Puis il glissa la main sous sa veste. Celles de Daniel s'activaient, pour leur part, sur les boutons de sa chemise et il sentit l'air frais s'insinuer alors que le lin était écarté. Ils réussirent à se dépêtrer de ces vêtements encombrants sans arrêter de s'embrasser. Daniel, toujours collé aux lèvres de Curtis, maudissait tout de même une manchette qui lui résistait. Puis ils se retrouvèrent collés l'un à l'autre, torse contre torse, bouche contre bouche.

Curtis se recula pour regarder son compagnon. Sa mâchoire était ombrée par cette barbe de quelques jours et cet irrésistible anneau au téton brillait dans l'obscurité. Daniel le regardait avec un respect mêlé d'admiration.

— Regardez-vous, dit-il.

Il traça le contour des pectoraux musclés, des muscles abdominaux marqués, du bras indemne de Curtis et reposa les mains au niveau de ses larges épaules.

— Vous êtes vraiment un Viking.

— Ce qui fait de vous… ?

— Quelqu'un né du mauvais côté de l'Europe.

Daniel effleura les tétons de son partenaire. Ce dernier se figea, ne sachant pas vraiment s'il aimait ça. Comme d'habitude, le poète comprit vite et il retira sa main, ou plutôt, il la fit descendre au niveau de la taille de Curtis et détacha les boutons de son pantalon. Son partenaire fit de même et l'imita d'une seule main. Daniel se pencha en avant, à la recherche de ses lèvres. Ils s'embrassèrent passionnément, se balançant d'avant en arrière. Curtis enroula la main autour de leurs deux érections. Daniel grogna et se coucha en attirant son compagnon sur lui. Ils s'allongèrent sur le nid de couvertures, enlacés et toujours à moitié habillés, donnant des coups de reins dans un besoin de plus en plus urgent. Daniel était dur et chaud dans la main de son partenaire et gémissait tout contre sa bouche. Tout ce qui l'intéressait à présent, c'était ce corps doux et chaud qui se cambrait, assailli par un plaisir ahurissant, mais surtout, leurs lèvres qui restèrent scellées. Ils s'embrassaient toujours lorsque Curtis atteignit l'orgasme.

Il bougeait d'avant en arrière sous les dernières vagues de plaisir et se tenait fermement à son compagnon bien que ses mains soient mouillées et glissantes. Il fallut un peu plus de temps à Daniel. Une fois que son souffle redevint normal, Curtis changea de position et continua à faire glisser sa main sur le membre de son complice. Il amena sa bouche jusqu'à ses tétons, et obtint en retour un cri perçant. C'était bon mais il en voulait plus. Il voulait que son amant ait l'impression de tomber en mille morceaux, il voulait lui faire ce qu'il aurait dû lui faire depuis des jours. Il réunit tout son courage et dirigea sa tête vers le bas.

— Curtis, haleta Daniel alors que son compagnon tentait un coup de langue sur son membre.

C'était doux, mouillé et il y avait un petit goût musqué. Curtis se dit alors que ce devait être le goût de sa semence. C'était glissant et plus amer que ce qu'il aurait pensé, mais ce n'était pas déplaisant. Il posa la bouche sur l'extrémité, incertain de ce qu'il était en train de faire, mais regagna de la confiance grâce à cette raideur tremblante.

— Mon Dieu. Vous en êtes sûr ? Ne…

— J'en ai envie, marmonna Curtis en essayant de bouger la tête de bas en haut comme Daniel l'avait fait sur lui.

— Oh. Nom de Dieu, s'exclama ce dernier en donnant des coups de hanches saccadés. Bon sang. Curtis.

Ce dernier leva la tête.

— Archie.

— Archie, répéta-t-il d'un air presque révérencieux.

Curtis se reconcentra sur Daniel, son goût, son attribut masculin dans sa bouche et ses gémissements de plaisir. Il sentit son propre corps réagir à nouveau alors que ses lèvres et sa langue s'affairaient. Il avait toujours cru que ce serait déplaisant, que ce serait au mieux un service rendu ou une corvée. Il ne s'était jamais rendu compte qu'on pouvait avoir envie de donner un tel plaisir à quelqu'un, que ce serait stupéfiant de sentir les coups de reins et les soubresauts, d'entendre les gémissements, de savoir qu'on en était la cause. Il n'avait jamais compris que de faire une gâterie à un homme n'avait rien à voir avec faire l'amour à Daniel.

Une main tira sur ses cheveux.

— Éloignez-vous, dit urgemment Daniel.

Curtis tint compte de cet avertissement – tout en se disant que la prochaine fois, il ne le ferait pas – et retira sa bouche. Il osa donner un dernier coup de langue à l'extrémité, là où perlait le liquide.

— Archie, soupira Daniel dont le membre tressauta dans sa main.

— Daniel. Maintenant, s'il vous plaît, maintenant, haleta Curtis comme s'il jouissait en même temps que lui.

Voir les éclaboussures blanchâtres retomber sur la peau de Daniel lui coupa le souffle. Il sentait le goût dans sa bouche.

Son partenaire s'allongea, haletant. Curtis se lécha les lèvres et attrapa le whisky.

— Vous avez bien raison de boire. Ah... Aviez-vous déjà fait ça auparavant ?

— Non.

Curtis était presque embarrassé de son inexpérience, ce

qui était absurde. En fait, il y avait les hommes qui faisaient cela et ceux à qui on le faisait. Il avait toujours fait partie du deuxième groupe. Jamais il ne lui avait semblé devoir rendre la pareille, pas avec sa bouche. Et il n'avait jamais proposé. Il ne l'aurait jamais fait. Il n'était pas ce genre d'homme.

Il se figea brusquement à cette idée, mais en voyant ensuite Daniel le regarder avec tant de plaisir, il se pencha en avant pour l'embrasser passionnément. Ce baiser vida son esprit, n'y laissant que le ballet des langues et le mouvement des lèvres. Daniel ne semblait pas gêné d'avoir son propre goût dans la bouche.

À bout de souffle, Daniel le relâcha.

— Alors, je suis honoré, mon cher.

— Ne dites pas de bêtises, répondit Curtis en saisissant son mouchoir déjà souillé et en les essuyant tous les deux.

Daniel fit un geste de la main.

— Je suis dégoûtant, de toute façon, ne vous inquiétez pas pour ça.

Ils réussirent à se caler confortablement à nouveau, pelotonnés l'un contre l'autre sur le sol dur et sous les couvertures rêches à l'odeur de moisi. Curtis caressa le menton de son partenaire et se pencha en avant pour l'embrasser, tout simplement parce qu'il le pouvait.

— C'est la réception la plus étrange à laquelle je ne me suis jamais rendu.

— Cette petite fête aura connu des rebondissements, pouffa Daniel avant de presser sa tête contre le torse de Curtis.

Ce dernier baissa les yeux vers lui lorsqu'il sentit une main audacieuse parcourir ses muscles. Sans réfléchir, il dit :

— Pourrais-je vous rendre visite ?

Les doigts de Daniel se figèrent.

— Pardon ?

— À Londres. Quand cette affaire sera terminée. Pourrais-je passer vous voir ?

— Passer me voir ?

Il semblait incrédule. Curtis se sentit rougir.

— Oui. Ou peu importe comment vous appelez ça.

— Ah, dit simplement Daniel, visiblement plus détendu. Si vous entendez par là me rendre visite pour une partie de jambes en l'air, alors, mon cher ami...

— Non, répondit vivement Curtis. Enfin, si. Si vous le voulez. Mais ce n'est pas ce que je voulais dire.

— Alors que vouliez-vous dire ?

Daniel fronçait les sourcils, comme si cette phrase banale n'avait aucun sens pour lui.

— Je ne sais pas comment l'expliquer autrement. Je ne sais pas comment les hommes se conduisent entre eux. Si j'aimais et respectais une jeune fille de bonne famille, je lui demanderais la permission de passer...

— Je ne suis pas une jeune fille de bonne famille. Je n'en serais même pas une si j'étais une femme.

— Bon Dieu, aidez-moi, soupira Curtis.

— Je ne sais pas ce que vous voulez.

Comment avaient-ils pu perdre leur capacité à se comprendre si facilement et rapidement ?

— Pourtant cela me semble clair.

— Malheureusement, mon cher, vous êtes parfois si clair que j'ai du mal à saisir ce que vous me dites.

Le ton de Daniel était très doucereux et maniéré. Curtis lutta contre l'envie de dire « Laissez tomber » et de battre en retraite. Il calcula les risques qu'il avait de se ridiculiser. Il n'avait pas un seul instant réfléchi à ses paroles, mais il les pensait sincèrement.

— Je veux dire que j'ai envie de vous revoir. Passer du temps avec vous. Pour ça, bien sûr...

Il montra d'une main leurs corps enlacés.

— Mais... je veux plus. Bon sang, Daniel, je veux être

avec vous. Vous êtes courageux, intelligent et bel homme. J'aime également vos poèmes. Et...

— Arrêtez ! cria Daniel. Arrêtez. Arrêtez. *Arrêtez.*

Curtis baissa les yeux et son partenaire planta son regard troublé dans le sien. Ses épaules étaient voûtées.

— Que diable...

— Ne dites pas ce genre de choses.

— Pourquoi pas ?

Daniel ferma les yeux.

— Parce que c'est ce que font les gentlemen et... je n'en suis pas un. Je suis sûr que nous prendrons énormément de plaisir ensemble et j'ai hâte de recommencer. Mais je ne veux pas plus que ça.

— Je ne comprends pas.

Daniel ouvrit à nouveau les yeux pour lui lancer un regard noir.

— Mon père est un serrurier de Spitalfields. J'ai été éduqué entre son magasin et la salle de billard de mon oncle dont ma mère s'occupe, vêtue d'une robe très courte. Un autre de mes oncles, qui déclame Shakespeare dans ce qui n'est rien de plus qu'un music-hall, m'a appris à imiter les classes sociales supérieures. Je m'habille bien, non pas parce que je possède une riche garde-robe mais parce que j'ai *encore* un autre oncle qui est tailleur et qui possède beaucoup de talent pour imiter les vêtements de luxe. Je suis le seul membre de ma famille affreusement vaste à être allé à l'université. Vous savez très bien que je ne suis pas du même rang que vous.

— Et qu'est-ce que ça change ?

— Tout.

Curtis ne savait pas quoi répondre à cela.

— Tout ce que je dis, c'est que je ne veux pas vous traiter comme... peu importe comment on appelle l'équivalent d'une maîtresse, déclara-t-il en essayant de le toucher.

Daniel ne le repoussa pas, mais ne répondit pas non plus.

— Écoutez, si vous ne voulez pas me revoir à Londres, alors dites-le, pour l'amour du Ciel. Je ne voulais pas vous importuner.

— Ce n'est pas ça, répondit-il avant de soupirer longuement. Oh, bon sang. Écoutez, Curtis.

— J'aimerais que vous m'appeliez Archie.

— Cette semaine a été horrible et vous avez tiré des conclusions hâtives. J'imagine que lorsque vous rentrerez à Londres, tout ceci n'aura l'air que d'un cauchemar, d'une aberration ou au moins d'une mauvaise idée.

— Daniel.

— Je n'ai pas fini de parler.

— Évidemment.

La bouche de Daniel se contracta très légèrement en un sourire.

— Le problème, c'est que vous êtes un gentleman au sens propre du terme. Je ne veux pas que vous vous sentiez pieds et poings liés parce que vous m'avez dit ça, ou que vous m'en vouliez car vous n'auriez pas dû le dire. Je ne veux pas que vous vous terriez dans un coin et qu'on me mette ça sur le dos.

— Je ne suis pas comme votre satané duc, répliqua-t-il avec force.

— Fils de duc.

— Je dirais plutôt fils de…

Curtis s'interrompit en se souvenant que cet homme était mort.

— Bref. Ne croyez pas que je vais agir comme un goujat.

— Je ne veux pas que vous vous comportiez comme un gentleman. Pas si cela veut dire honorer un engagement que vous n'auriez pas dû prendre. Vous n'avez pas l'habitude de revenir sur vos paroles, n'est-ce pas ?

— Non et je ne change pas souvent d'avis non plus.

— Récemment, vous semblez pourtant avoir changé d'avis sur ce que vous vouliez. Vous aurez peut-être envie de revenir en arrière.

Ce sont mes affaires, voulut dire Curtis même si, évidemment, ce n'était pas seulement son problème si Daniel s'inquiétait de ce qu'il ressentait et s'il ne le laissait pas se rapprocher de lui par peur d'être repoussé.

— Vous n'êtes pas le premier homme avec qui j'ai eu des relations, dit-il brusquement. J'ai fait plein de choses avant de vous rencontrer. Je n'ai jamais eu ce genre de sentiments pour une femme. Bon sang, je n'ai même jamais embrassé de femme de mon rang.

Daniel cligna des yeux.

— Vous n'êtes pas sérieux.

Il l'était. Il avait déjà eu quelques rapports insatisfaisants avec des filles de joie mais il n'avait jamais ressenti le besoin de flirter avec une femme qui aurait pu devenir sa future femme. *J'attends la bonne,* avait-il dit à ses oncles. Il était pourtant ravi d'attendre puisque le mariage semblait lui réserver un avenir bien triste.

— Je n'ai pas changé d'avis sur qui je suis. J'ai juste... été incapable de considérer ce fait jusqu'à maintenant. Je n'en avais pas besoin, à l'armée.

Il fit une pause avant d'ajouter avec plus de difficulté qu'il n'espérait :

— Il y avait un homme... mon lieutenant.

— Était-il votre amant ?

— Oh... eh bien...

C'était un mot bien fort pour qualifier George Fisher. C'était un camarade. Un compagnon d'armes. Un ami.

— Nous partagions la même tente. Nous avions l'habitude de faire... vous savez, ce genre de choses.

— Puis-je vous suggérer d'employer des verbes et des noms communs ? Ils ne changeront pas ce qui s'est passé et vous pourriez même vous habituer à *ce genre de choses.*

Daniel semblait à la fois compatissant et cassant.

— Je ne vous demande pas d'exposer votre vie privée. Mais si vous voulez le faire, alors utilisez des mots.

Curtis grinça des dents.

— Très bien, si vous y tenez. Nous nous masturbions mutuellement. Nous ne discutions pas de ça, nous le faisions et c'était tout. Il n'en parlait jamais et je n'y pensais pas vraiment. Nous étions assez occupés avec les Boers. Il n'était pas mon amant. Notre relation n'avait rien à voir avec cela.

Curtis n'avait jamais embrassé Fisher, il n'en avait jamais ressenti le besoin. Il se demanda si cet homme l'aurait voulu.

— Mais il était mon ami. Mon compagnon d'armes. Et il est mort quand le pistolet Lafayette que je lui ai donné a explosé. Il s'est vidé de son sang pendant que je le regardais…

Il s'arrêta, étouffé par la boule qui s'était formée dans sa gorge.

Les doigts de Daniel se refermèrent sur sa main droite, enveloppant les cicatrices.

— Je suis désolé.

Il ne dit rien d'autre. Curtis garda une respiration régulière malgré cette oppression qu'il ressentait dans les poumons.

— Bref. Voilà comment ça fonctionnait en Afrique du Sud. Et ça n'a jamais été un problème jusqu'ici. L'année dernière a été…

Un enfer, eut-il envie de dire, mais ce n'était pas juste pour Daniel.

— Épuisante. Depuis longtemps, je n'avais pas eu envie que quelqu'un me fasse quelque chose. Mais si on considère toutes les fois où cela m'est arrivé, ce n'était qu'avec des hommes. Rien n'a changé. Vous devez me prendre pour un idiot.

— Ce n'est pas à ça que je pensais, répondit Daniel en se massant l'arête du nez. Oh Seigneur, je ne sais pas. Très bien. Faites-moi une promesse.

Tout ce que vous voudrez, faillit-il dire.

— Que voulez-vous que je vous promette ?

— Qu'une fois de retour à Londres, vous ne me contacterez pas avant deux semaines. Que vous réfléchirez à ce que vous désirez, et pas avec votre entrejambe mais avec votre cerveau. Que vous ne laisserez pas ce que vous avez dit ou fait vous obliger à quoi que ce soit. En fait, promettez-moi que si vous épousez Miss Merton, ou une autre jolie jeune femme, et que vous faites comme si rien de tout ceci n'était arrivé, ou même si vous préférez vous taper un homme de votre rang, vous irez de l'avant et ne vous soucierez pas de mon opinion.

— Daniel…

Il roula sur le côté et fixa Curtis avec ses grands yeux noirs.

— Promettez-le-moi. Ensuite, une fois que vous aurez réfléchi, si vous décidez plutôt de vous abstenir, alors nous nous séparerons bons amis. Vous voyez ?

— En fait, vous voulez que je fasse comme bon me semble sans me préoccuper de vous.

— Vous vous préoccuperez de moi en faisant ce que je vous demande, rétorqua Daniel. Je peux tolérer beaucoup de choses, mais je ne supporte pas d'être considéré comme une contrainte.

— Vous ne supportez pas non plus les grottes.

— Exactement. Je suis sérieux.

Curtis y réfléchit. Il ressentait la tension dans le corps de Daniel.

Il ne savait pas ce qu'il attendait de cet homme, il voulait juste qu'il soit présent. Sa vie loin de l'armée semblait vide de sens, sans avenir, comme s'il se fanait sur une branche. Désormais, bien qu'il ne sût pas ce que l'avenir lui réservait, elle n'était plus vide. Il s'était battu et avait fait l'amour cette semaine. Il avait pris la vie pour en sauver une autre. Tout cela pour l'homme allongé à ses côtés.

Évidemment, Daniel avait raison en ce qui concernait leurs différences de classes sociales mais il avait passé l'année précédente à se laisser dériver entre clubs, réceptions et événements sportifs. Période la plus improductive et inutile de sa vie. Les mondanités, c'était bien, mais Curtis voulait de la compagnie. Plus encore, il voulait Daniel à la peau douce et la langue encore plus tendre. Il voulait briser ses défenses fragiles et protéger cette vulnérabilité qu'il cachait. Il voulait que leur lien s'approfondisse encore et il tressaillit rien qu'en imaginant qu'il puisse se rompre.

Curtis ne savait pas comment leur relation pouvait fonctionner, que ce soit à Londres ou ailleurs, mais il n'avait aucune raison d'arrêter. Les plans, c'étaient pour les généraux. Lui, il aborderait cette situation comme il le faisait à chaque fois : en avançant pas à pas.

Il baissa les yeux vers Daniel qui contemplait son torse d'un air rêveur.

— D'accord, je comprends. Vous avez des scrupules.

Et Daniel avait peur, aussi. Mais le faire remarquer serait aussi dangereux pour Curtis que s'il avait titillé un mamba[22] avec un bâton.

— Je vous ferai cette promesse de réfléchir pendant une quinzaine de jours et de ne ressentir aucune obligation à votre égard, si vous me dites quelque chose en retour.

— Quoi ? répondit Daniel, méfiant.

— Sous réserve du respect de toutes ces clauses, *et cetera, et cetera...* répliqua-t-il en se penchant et en l'embrassant gentiment. Pourrais-je vous rendre visite ?

— Bon sang, Curtis !

Il avait dit cela de son plus bel accent de l'East End. Curtis ne put s'empêcher de sourire. Daniel le regarda, les yeux plissés, en retrouvant son calme.

— Si vous m'envoyez des fleurs avec des petites cartes « À mettre sur votre boutonnière », je serai obligé de vous frapper.

Ce n'était pas vraiment une réponse. Mis à part le fait que Daniel était sur la défensive, bien sûr. Curtis l'embrassa à nouveau, de façon plus exigeante.

22 Serpent d'Afrique subsaharienne.

— Vous avez parlé de ce que je voulais mais je veux savoir ce que *vous*, vous voulez. Pourrais-je vous rendre visite ?

— Oui, *d'accord*, si vous le souhaitez.

Curtis saisit une poignée de cheveux et tira doucement dessus.

— Cela signifie-t-il que vous désirez que je le fasse ?

Daniel lui lança un regard mauvais.

— Allez au diable, monsieur le salaud autoritaire et surdimensionné.

Satisfait, Curtis se recoucha et l'attira contre lui. Son partenaire l'embrassa sur le torse.

— Reposez-vous, dit Daniel en bâillant ostensiblement. Il est vraiment tard. À quelle heure retournez-vous au manoir demain matin ?

— Je n'y retournerai pas.

Il devait incontestablement réintégrer sa chambre et il en avait eu l'intention. Mais Daniel devait être protégé, il ne pouvait pas espérer se défendre tout seul.

— La cavalerie arrivera bien assez tôt. Je reste avec vous.

Daniel sourit et frotta sa tête contre la poitrine de Curtis tel un chat.

— D'accord. Maintenant, mon cher, reposez-vous.

Curtis ne résista pas. Il devait être plus de trois heures du matin selon son estimation et il était épuisé par cette journée. Il enroula ses bras autour des épaules de son compagnon, se vida l'esprit et s'endormit.

Chapitre Quatorze

— Réveillez-vous. *Réveillez-vous.*

Curtis cligna des yeux, encore à moitié inconscient. La lumière d'un jaune grisâtre était typique d'une aube automnale ce qui signifiait sûrement qu'il était plus de sept heures. Après cette nuit sur le sol dur, son dos le faisait souffrir. Il avait la bouche sèche et pâteuse. Les vêtements dans lesquels il avait dormi étaient froids et humides. Daniel le secouait par l'épaule.

— Réveillez-vous, gros lourdaud.

— Quoi ?

— Nous sommes assiégés.

Curtis bondit sur ses pieds si vite qu'il eut quelques vertiges puis il s'accroupit pour ne pas être une cible derrière la fenêtre.

Daniel s'agenouilla près de lui, les yeux écarquillés dans le peu de lumière.

— Il y a du mouvement dehors. J'ai vu March et entendu James Armstrong.

Curtis attrapa son Webley, l'inspecta avec la rapidité digne d'un expert et remplit ses poches de cartouches.

— Pat a laissé un revolver. Savez-vous tirer ?

— Non.

Bon sang.

— Alors restez loin des fenêtres. La porte est-elle barricadée ?

— Oui.

Au moins, il savait se montrer bref quand il le fallait. Curtis acquiesça et remit ses bottes.

L'étage ne couvrait que la moitié de la surface du bâtiment mais une passerelle permettait de longer cette tour absurde pour regarder à l'extérieur, sauf là où il y avait l'escalier. Curtis, toujours accroupi, s'arrangea pour atteindre l'avant du pavillon. Daniel se glissa de l'autre côté de la passerelle et ne fut qu'à quelques centimètres de lui.

— Curtis ! cria quelqu'un depuis dehors.

Il reconnut cette voix. Il regarda Daniel, qui grimaça.

— Curtis !

Il tendit le bras, déverrouilla la fenêtre la plus proche et l'ouvrit.

— Sir Hubert ! Bonjour.

— Sortez d'ici immédiatement, hurla son hôte avec humeur. Je ne sais pas à quoi vous jouez.

— Ah oui ?

Il s'accroupit sur les talons, dos au mur.

— Si vous attendez assez longtemps, vous devriez le découvrir.

— Pourquoi ne descendez-vous pas pour discuter comme un homme raisonnable ?

Il entendit un cliquetis en bas. Quelqu'un essayait d'ouvrir la porte.

— Je pense pouvoir tenir une conversation raisonnable depuis ici. De quoi voulez-vous parler ?

— Où est Holt ? demanda James Armstrong, déchaîné. Qu'avez-vous fait de Holt ?

Curtis jeta un coup d'œil à Daniel. Celui-ci secoua la tête.

— Je n'ai aucune idée d'où il peut être. Comment le saurais-je ?

— Vous le savez ! Ce foutu youpin est avec vous, sale ordure !

Il se fichait de James Armstrong, si ce n'est qu'il avait eu l'intention de le battre à mort bien avant qu'il prononce ces mots choquants. Il regarda Daniel lui lancer un sardonique « Oooh » qui réussit à le calmer.

— Si vous voulez parler de Da Silva, alors oui. Il est là. Et donc ?

— Donc je vais le tuer si vous ne me dites pas où est Holt !

Curtis rit jaune.

— Vous devrez d'abord l'attraper, sale petite vermine !

— Surveillez votre langage ! lança Sir Hubert, outragé.

Daniel tendit le cou par la fenêtre.

— Oh, mais… Lady Armstrong est là.

— Vraiment ? Qui d'autre ?

— March et l'autre domestique, Preston. Ils sont tous armés, sauf elle.

— Regardez de l'autre côté, lui intima Curtis.

Sir Hubert l'appela à nouveau.

— Curtis, cela ne sert à rien. Il n'y a qu'une seule issue : votre disgrâce.

— Je pense que vous avez tort.

Curtis haussa les sourcils en direction de Daniel qui venait de regarder par la fenêtre. Ce dernier secoua la tête pour indiquer qu'aucune autre personne n'arrivait.

Sir Hubert, James, March et Preston. Quatre armes contre la sienne. Mais le pavillon de jardin était en pierre, la porte était en bois de chêne épais, la barricade tenait bon et le poste d'observation dominait la vue. Ils pourraient tenir ici jusqu'à ce que les renforts arrivent.

Sir Hubert fit un genre de bruit compatissant.

— J'imagine que vous pensez aux hommes du bureau des Affaires Étrangères que vous avez contactés.

— Je crois même qu'ils pensent que ces gens vont les aider, dit Lady Armstrong en riant.

— Pourtant, c'est nous qu'ils aideront.

Curtis jeta un coup d'œil par-dessus son épaule et vit son partenaire bouche bée.

— De quoi parlez-vous ? demanda-t-il.

— Les hommes de Sir Maurice Vaizey. Ceux dont vous avez demandé l'aide en téléphonant à votre oncle armé de votre tissu de mensonges. Ils seront là vers neuf heures, d'après ce qu'on m'a dit.

Daniel murmura un juron.

— Ils ont une taupe au bureau. Quelqu'un les a prévenus.

— Bon sang, chuchota Curtis.

Il ajouta à voix haute :

— Bien. J'ai hâte qu'ils arrivent.

— J'en doute, jubila Sir Hubert. Voyez-vous, quand ils arriveront à la maison, ils n'y trouveront rien. Aucun document, aucune photo, aucun appareil photo. Pas une seule preuve.

— Enfin, il restera *une* série de clichés, ajouta Lady Armstrong sur un ton mielleux.

Son mari rit triomphalement. Curtis suait déjà à grosses gouttes en y pensant.

— Vous avez raison, mon amour. Il ne restera qu'une série de clichés qui vous enverra tous les deux en prison. Deux ans de travaux forcés pour outrage à la pudeur. Nous avons fait un tirage pour Vaizey, afin qu'il prenne connaissance des agissements de son agent et de son neveu, et nous en avons également fait un tirage pour Henry. Le pauvre, il sera tellement déçu de vous. Il y a une autre série pour la police. Une quatrième pour les journaux au cas où vous pensiez que votre argent pouvait nous faire taire. Et enfin, une dernière pour nous. Appelons ça notre assurance. Tous les clichés ont été envoyés à… une certaine adresse, avec des instructions à suivre, à moins que je ne donne un contrordre dans l'après-midi.

— Vous êtes fichus, ajouta James sur un ton triomphant et vindicatif.

Curtis ferma les yeux. Il ne voulait pas regarder Daniel. Il ne voulait plus jamais lever les yeux vers quelqu'un.

Sir Hubert continuait de parler.

— Tout le reste a été brûlé. Les appareils photo ont été désinstallés. Il ne reste plus aucune preuve.

— C'est faux, s'exclama Daniel. Comment allez-vous justifier les photos que vous avez en votre possession ? Si vous les utilisez, cela nous donnera raison.

— De plus, il y aura ma parole et celle de Da Silva, ajouta Curtis d'une voix enrouée qui trahissait son désarroi. Combien d'enquêtes pensez-vous pouvoir supporter ?

— Il n'y en aura aucune, lui assura Sir Hubert. Tout simplement parce que vous allez tout nier. Vous allez dire à Vaizey que ce n'étaient que des mensonges, un jeu idiot, une vieille rancune de Da Silva. Peu importe ce que vous direz tant que cela sauve mon honneur. Si quelqu'un devait regarder dans mes affaires, eh bien… ce sont sur *vos petites affaires* qu'il tomberait. Si vous m'attaquez, je vous ruinerai. Vous comprenez ?

Curtis comprenait très bien. Il avait du mal à respirer.

— Je m'en fiche. Allez au diable, espèce de salaud. Je raconterai tout et, s'il le faut, je vous regarderai vous balancer au bout d'une corde depuis ma prison.

— Pour quoi ?

Sir Hubert produisit un énorme rire gras. Curtis serra les poings.

— Pour Jacobsdal ? Vous ne pouvez rien prouver, tout comme Lafayette.

— Holt a reconnu les faits. Il a tout admis.

— Le fera-t-il devant une cour de justice ?

— Il n'est plus en position de le faire, hurla Daniel.

Curtis le regarda, choqué. James Armstrong jura avant de rugir :

— Où est-il ? Que lui avez-vous fait ?

— Il a rejoint Lafayette. Où pensiez-vous qu'il était ?

James brailla puis Daniel et Curtis s'écrasèrent tous les deux au sol, couvrant leur visage alors qu'une fenêtre venait d'exploser en envoyant des débris de verre entre eux. L'écho du coup de feu sonnait à leurs oreilles, tout comme la réprimande furieuse de Sir Hubert.

— Grincheux ? l'appela Daniel.

— Que faites-vous ? siffla Curtis.

Son partenaire lui fit un signe de main pour lui demander de se taire.

— Vous avez tué Holt, dit Sir Hubert. N'est-ce pas, Curtis ? Vous avez tué un champion de boxe ?

— Ce n'était qu'un con, répliqua Daniel.

— Il vous a fait hurler, sale métèque, cria James.

— Oui, comme beaucoup d'autres hommes, répondit Daniel en souriant jusqu'aux oreilles.

Cette fois-ci, James vida son chargeur sur la fenêtre du pavillon de jardin en beuglant de rage. Curtis, allongé sur le sol, enroula ses bras autour de sa tête et ferma les yeux pour éviter à tout éclat de heurter son visage, en espérant que Daniel faisait la même chose.

L'écho des coups de feu s'évanouit, tout comme le tintement du verre brisé. Quand le sifflement cessa dans ses oreilles, Curtis entendit un échange musclé à l'extérieur.

— Que faites-vous ? demanda-t-il à Daniel qui reprenait une position normale. Que faisons-nous maintenant ? Nous ne pouvons pas les laisser s'en tirer. Que diable pouvons-nous faire ?

— Êtes-vous doué au tir ?

— Oui.

— Je suis ravi de l'entendre.

— Que…?

Daniel se releva, se plaqua dos au mur et cria :

— Eh !

Les voix se turent.

— Que voulez-vous ? s'exclama Sir Hubert.

— Une conversation raisonnable. Cet interlude a été bien agréable et nous l'avons tous apprécié mais nous avons deux heures tout au plus avant que mes collègues n'arrivent en force, si ce n'est moins.

Dehors, les assaillants se mirent à chuchoter. Sir Hubert commença à répondre mais Daniel l'interrompit impatiemment.

— Je ne bluffe pas, idiot. Je n'ai pas de quoi bluffer. Je ne veux pas aller en prison. Je ne veux pas que Curtis aille en prison. Alors nous devons établir... Oh bon sang, je ne veux plus me cacher.

— Quoi ? répliquèrent toutes les personnes présentes.

— Je ne veux plus me cacher *ici*, donc je sors dans une trentaine de secondes. Utilisez ce petit temps pour réfléchir à ce qui se passera si Vaizey découvre mon corps criblé de balles à son arrivée. Si vous me tuez, vous tomberez pour meurtre, peu importe ce que vous avez fait d'autre. Compris ?

— Holt... tenta James, toujours en colère.

— Holt est mort. Pas vous. Si nous parlons comme des hommes raisonnables, nous pourrions tous nous en sortir.

— Daniel, que faites-vous ? siffla Curtis tandis que son partenaire se dirigeait déjà vers les escaliers, écrasant le verre brisé sous ses pas.

Ce dernier se figea et regarda son amant.

— J'ai besoin que vous me fassiez confiance. Au nom de... ce qui s'est passé la nuit dernière, mon cher Viking. Si vous pouviez dissuader quiconque de me tuer, ce serait également merveilleux. Mais, Archie, je vous en supplie, faites-moi confiance. Et si ça ne fonctionne pas...

Il sourit brièvement et Curtis comprit qu'il cherchait à cacher sa peur.

— Ce fut un plaisir.

— Non, arrêtez.

Curtis essaya de le rejoindre mais il n'y arrivait pas à cause de tous ces débris éparpillés. Daniel secoua la tête et se précipita en bas des escaliers.

— Daniel !

— Allez à la fenêtre, lui répondit ce dernier d'un ton brusque depuis en bas.

Curtis s'exécuta et se positionna de sorte à voir ce qui se passait à l'extérieur. Son Webley n'avait rien d'un fusil de tireur d'élite mais l'ennemi était assez proche de lui. Il pourrait sans aucun doute toucher la personne qu'il viserait.

Daniel s'approchait d'eux.

Lorsqu'il entendit la barre se lever, Curtis se sentit étrangement calme, comme envahi par un calme fataliste. Le groupe dehors se figea en regardant la porte. James Armstrong avait renoncé à son fusil vide pour saisir le revolver de Preston. March et lui visaient l'embrasure de la porte quand Daniel émergea. Sir Hubert tenait son fusil au-dessus de son bras, comme un gentleman en pleine balade matinale, prêt à tirer sur les faisans.

Trois, pensa Curtis. Il pourrait en toucher trois.

Daniel avança et entra dans son champ de vision. James fit quelques pas en avant, le visage empourpré et enragé. Il bascula violemment la crosse de son revolver. Daniel bondit en arrière tandis que Curtis visait la terre juste devant le pied de James.

— Seigneur !

— Non, ça venait de moi, cria Curtis.

— En effet, dit Daniel. C'est un très bon tireur et un homme en colère. Ne le provoquez pas. Et n'oubliez pas, si vous me tirez dessus, vous plongerez pour meurtre. Vaizey ne tolère pas la mort de ses agents.

Sir Hubert le regardait avec animosité. Il dit :

— Eh bien ? Que voulez-vous ?

— Que nous jouions cartes sur table. Vous avez détruit les preuves et vous possédez des clichés qui ruineraient la réputation de Curtis. Seulement, si vous les utilisez, vous prouverez votre implication dans l'affaire. C'est ce que j'appelle une impasse. Aucun d'entre nous ne peut blâmer l'autre sans se faire accuser. C'est bien ça ?

Sir Hubert hocha la tête avec raideur.

— Mais c'est trop tard, poursuivit Daniel. Vaizey est

en route et il espère trouver des preuves de chantage. Il ne croira pas que son neveu lui faisait une blague puérile.

— C'est votre problème, intervint James.

— C'est vrai, ajouta Sir Hubert d'un ton cassant.

— Alors dites-moi ce que vous voulez.

Daniel ne s'adressait qu'à Sir Hubert, ignorant les autres.

— J'ai la confiance de Vaizey, continua-t-il. Je peux rendre cette affaire crédible. Je sais ce dont le bureau est au courant, je peux tout mettre sur le dos d'un bouc émissaire et vous serez débarrassé de toutes les accusations. Vaizey ne sait rien à propos de Lafayette ou de Jacobsdal. Nous pouvons garder ça sous silence si nous travaillons ensemble.

Curtis pouvait sentir la sueur perler dans son dos. Sa main gauche tenait le Webley mais les tremblements de rage dans la droite ne mentaient pas.

Archie, je vous en supplie, faites-moi confiance.

— Vous trahiriez votre agence ? demanda Sir Hubert.

— Bien sûr que oui, répliqua James. Holt nous l'avait dit. On ne peut pas faire confiance aux gens de son espèce.

— Je n'en ai rien à faire de cette agence, répondit Daniel d'une voix vicieuse. Ni de Jacobsdal, ni du roi, ni de ce pays. Pourquoi m'y intéresserais-je ? Cette nation se moque de moi. Je fais ce travail pour l'argent, c'est tout. Je ne veux pas aller en prison et vous non plus. Je peux faire en sorte que nous nous en sortions tous. Mais nous devons faire ça ensemble.

— Et Curtis ?

Le rire de Daniel fut désagréable à entendre.

— C'est un chic type. Mais il n'est pas très brillant. Il n'est qu'un de mes trophées. Ne vous inquiétez pas, je peux littéralement le traîner par la queue.

James poussa un cri perçant, comme s'il s'étranglait de rage. Daniel rit à nouveau avant de faire une démonstration exagérée de ses manières d'homme bien élevé.

— Excusez ma vulgarité, je pensais que nous n'étions plus en train de jouer. Curtis fera tout ce que je lui dis.

Ce dernier maintenait une respiration régulière. Inspiration. Expiration. Sa main droite tremblait. En une fraction de seconde, il pouvait viser le crâne de Daniel avec le canon de son revolver et appuyer sur la détente.

Faites-moi confiance, faites-moi confiance, faites-moi confiance…

— Alors, faites ce que vous avez à faire. Avez-vous besoin de savoir autre chose ? demanda Sir Hubert.

— Comment voulez-vous que ça se déroule ? Qui jetons-nous dans la gueule du loup ? Prenons maintenant nos dispositions.

Daniel fit un signe de tête en direction de James et Lady Armstrong et poursuivit :

— Voulez-vous les voir paralysés, mutilés ou morts ?

Sir Hubert glougloutait comme un dindon.

— Qu'est-ce que… Vous êtes fou !

— Non ? répondit Daniel, surpris. Vous ne souhaitez pas vous débarrasser d'eux ? Je vous assure que vous feriez d'une pierre deux coups.

— Pourquoi diable voudrais-je me débarrasser de ma femme et de mon fils ? demanda Sir Hubert, le visage d'un rouge étrange.

— Eh bien, ils vous font cocu.

Ces mots, dits avec une assurance décontractée, se posèrent comme des pierres sur de la glace. Sir Hubert était figé. Quant à Curtis, un sourire fier et féroce étirait désormais ses lèvres.

— Quel beau salaud, murmura-t-il en tenant son Webley, prêt à tirer.

— Foutaises ! dit James. Comment osez-vous ? Père, n'écoutez pas ces idioties.

Lady Armstrong hoquetait furieusement.

— Hubert, j'espère que vous n'allez pas laisser cet homme parler de moi de cette façon.

— Vous êtes un menteur, dit-il en pointant son arme vers Daniel.

Curtis visa le front trempé de sueur de son hôte.

— Si vous me tirez dessus, vous serez pendu.

— Vous mentez, admettez-le !

— D'accord, d'accord, je mens, ricana-t-il d'un ton dédaigneux. Évidemment que votre femme ne préfère pas avoir un jeune homme vigoureux entre ses cuisses mais un vieil homme gros et transpirant. Évidemment que James ne vous laisserait jamais tomber. D'ailleurs, il ne l'a jamais fait jusqu'à maintenant. Évidemment que les domestiques n'en savent rien.

Sir Hubert jeta la tête en arrière, comme foudroyé. Preston regardait droit devant lui.

— March ? Est-ce que c'est…?

— Mon chéri, bien sûr que ce n'est pas vrai, dit Lady Armstrong. Franchement, vous devriez comprendre ce qu'il essaie de faire.

— March ?

Celui-ci regarda son maître puis détourna les yeux. Il ouvrit la bouche puis la referma, hésitant.

— Monsieur…

— Ce n'est pas de sa faute, intervint Daniel. Après tout, vous vous en doutiez déjà, n'est-ce pas ? Toutes ces promenades auxquelles vous n'assistiez pas. Tous ces voyages à Londres auxquels vous ne participiez pas à cause de votre travail. Ces escapades jusqu'à la grotte…

Le visage de James était d'une couleur violacée.

— Fermez-la, saleté de métèque ! Fermez-la !

— Si vous voulez, répondit Daniel en souriant. Pour information… votre mère est une putain.

— Je vous interdis de parler d'elle ! hurla James.

Sa façon de la protéger était la preuve ultime de sa trahison.

— Espèce de salaud, dit Sir Hubert en regardant son fils.

— Père…

— Tu n'es qu'une bête ingrate, un moins que rien, répliqua-t-il d'une voix forte.

— Oui. Si seulement il était mort à la place de Martin. N'est-ce pas ce que vous vous êtes toujours dit ?

L'expression de Sir Hubert valait plus que des mots. Père et fils se fixaient mutuellement, bouches ouvertes mais incapables de dire quoi que ce soit.

— Hubert, écoutez-moi, s'écria précipitamment Lady Armstrong. Ce n'est qu'un tissu de mensonges.

— Holt nous a tout raconté, ajouta Daniel. Il nous a suppliés de lui laisser la vie sauve. Il nous a donné tous les détails croustillants.

Il regarda James avant de poursuivre :

— Vous auriez dû vous vanter auprès d'un homme plus digne de confiance.

La jeune femme se retourna pour jeter un coup d'œil à James. Ses lèvres se retroussèrent par-dessus ses dents blanches dans un grognement. Sir Hubert haletait douloureusement. Quant au fils, il beugla toute sa rage et sa frustration. Il leva son arme, Daniel au bout du canon.

Curtis lui tira dans la tempe.

La tête de James partit en arrière dans un jet sanglant. Son corps s'effondra. Il y eut une seconde de silence puis Lady Armstrong et son mari s'écrièrent :

— Non !

La femme s'agenouilla à côté du corps sans vie dont les yeux bleus éteints regardaient en l'air.

— Jimmy. Jimmy chéri ? Jimmy !

Sir Hubert fixait la scène, bouche bée, le revolver dans une main lâche. Preston reculait. March pointait toujours Daniel de son arme mais ne semblait pas sur le point de tirer. Son regard passait de son maître à sa maîtresse.

— James, dit Sir Hubert d'une voix rauque.

Il avança, chancelant.

— Sophie.

— Ne vous approchez pas de nous.

Lady Armstrong se pencha par-dessus le corps comme une louve protégeant ses petits, le visage décomposé et baigné de larmes. Son ton était glacial.

— Allez-vous-en, vieux porc gras, stupide, détestable et répugnant. Éloignez-vous de moi !

— Je pense que Vaizey pourra s'arranger pour accorder le pardon à la personne qui parlera. L'autre, bien sûr, sera pendue. Alors ?

Une Sophie Armstrong défigurée par la colère se retourna vers lui. Elle commençait à parler lorsqu'un unique coup de feu retentit. Une tache de sang s'étalait sur sa poitrine. Elle leva bêtement les yeux, bouche bée, puis tomba en avant.

— Monsieur... dit March.

Sir Hubert baissa son arme et regarda le corps de sa femme s'effondrer sur celui de son fils. À la fenêtre, Curtis tenait le Webley à deux mains, les yeux rivés sur le dernier Armstrong. Le vieil homme essayait de dire quelque chose, le regard vide, la bouche ouverte. Il leva à nouveau le fusil. Le canon vacilla. Puis, brutalement, il le retourna, posa maladroitement l'extrémité dans sa bouche et chercha la détente. Son bras était juste assez long.

Curtis grimaça lorsque le coup de feu retentit. Il détourna les yeux des vestiges du crâne de Sir Hubert et vit quelque chose sur la colline.

— Enfer et damnation !

Il jeta un rapide coup d'œil pour s'assurer que March n'était pas sur le point de tirer puis se précipita dans l'escalier. Il bondit sur le verre brisé et descendit les marches quatre à quatre. Il ralentit en passant la porte du pavillon pour ne pas surprendre March. Mais en sortant, il vit que le domestique murmurait, penché sur le corps de son maître. Preston n'était plus là.

— Où est l'autre ? demanda-t-il en parcourant les bois des yeux.

— Il est parti. Il n'était pas armé et il a autant à perdre que nous.

Curtis se retourna vers Daniel. Il était échevelé et portait les vêtements trop larges de Holt. Il était crasseux et le duvet noir sur son visage se transformait déjà en barbe. Son visage était gris sous la faible lumière matinale.

— Daniel, dit-il doucement.

March se redressa pour les regarder. Curtis leva son Webley vers lui.

— Baissez votre arme. Ne faites pas l'idiot, votre maître est mort.

Le domestique grimaça puis abaissa son fusil.

— Reculez. Daniel, prenez son arme. Sir Maurice est sur le point d'arriver. J'ai vu au moins quatre voitures. Nous avons peu de temps.

— Ils vous attraperont, dit March comme s'il crachait son venin.

Avec de grandes précautions, Daniel lui prit le fusil des mains.

— Ils vous retrouveront. Sodomites.

Curtis le frappa sans prévenir juste en dessous du menton et le regarda tomber. Il haussa les épaules quand Daniel le regarda.

— Je ne veux pas l'avoir dans les pattes. Allons-y.

Alors qu'ils se précipitaient dans les bois que Sir Hubert ne verrait jamais grandir, Curtis demanda :

— Comment le saviez-vous ?

— C'était évident. Vous n'aviez pas remarqué ?

— Vous ne vous êtes pas basé sur une simple hypothèse ?

— Non. Oui. Oui, je l'ai fait. Bon sang.

Il se retourna, puis se pencha. Il avait des haut-le-cœur. Il toussa puis s'étouffa en recrachant un vomi liquide.

— Oh merde. *Merde.*

Curtis posa les mains sur ses épaules minces qui s'affaissaient.

— Tout va bien. Vous êtes en sécurité.

— Eux ne le sont plus.

Daniel s'essuya la bouche avec le dos de sa main tremblante et se releva doucement.

— Par l'enfer ! Je prétends être pacifiste. C'était un massacre.

— Vous n'avez pas pressé la détente.

— Mais c'est à cause de moi qu'ils l'ont fait. Même pour James. Vous n'auriez pas fait ça si je n'avais…

— Je l'aurais fait. Je m'étais promis d'avoir la peau de cet homme.

Daniel leva les yeux.

— Oui. C'est vrai. N'est-ce pas ? Le soldat en pleine action. J'aimerais que mes intentions soient aussi simples.

— Ces salauds avaient tué mes hommes à Jacobsdal. Ils étaient tous au courant du sabotage et des corps dans le gouffre. Ces trois-là peuvent aller directement en enfer. Nous devons retourner à la maison.

— Bien. Mais vous comprenez que nous avons perdu.

— Nous pouvons toujours essayer.

— Non. Vous avez entendu Armstrong. Les clichés sont déjà en route pour quelque part et nous ne savons pas où car je les ai tués. J'ai ruiné votre réputation. Je suis désolé. À ce moment-là, ça m'avait semblé être une bonne idée.

Curtis s'approcha de lui et posa les mains sur ses bras. Daniel baissa la tête pour ne pas croiser son regard.

— Regardez-moi. Ce n'est pas de votre faute. Mon Dieu, vous avez fait votre possible.

— Pour détruire votre vie, en effet.

— Non.

Curtis l'entoura de ses bras, se fichant de savoir si quelqu'un pouvait les voir. Cela importait peu maintenant.

— Il n'y avait rien à détruire.

— Vous ne direz pas ça quand vous serez dans votre cellule, marmonna Daniel collé contre son torse.

— Nous n'irons pas en prison. Nous devrons peut-être quitter le pays rapidement, c'est tout.

Son compagnon leva les yeux, le visage ravagé par la douleur et les yeux brillants.

— Ce n'est pas tout. Votre famille. Votre rang.

Curtis l'embrassa doucement mais fermement.

— Vous avez fait face à tout ça alors je le peux aussi. La culpabilité ne vous va pas.

— Pourtant, elle devrait.

Daniel s'écarta de lui et avança rapidement vers la maison.

— Je suis à l'origine de tout ce bazar. Vaizey va me tuer et il aura bien raison.

— Foutaises.

— J'ai perdu la preuve qui incriminait le traître de la nation. Je vais devoir expliquer la présence de trois cadavres. J'ai fichu en l'air la vie de son neveu. Il va me tuer.

Dit comme ça, oui, c'était probable.

— Allons-y, dit Curtis alors que le gravier de l'allée crissait sous ses pas. Allons faire face à ce qui nous attend.

Chapitre Quinze

La porte d'entrée était ouverte. Dans l'entrée, du sang s'écoulait lentement d'une vilaine blessure dans le cuir chevelu d'un Lambdon inconscient.

— Qu'est-ce que…

— Chut, dit Curtis en fronçant les sourcils et en regardant autour de lui.

Il fit quelques pas en direction de la bibliothèque.

— Laissez-moi faire, articula-t-il.

Il leva son revolver et fit signe à son complice de rester derrière lui.

Daniel recula. Curtis prit une grande inspiration, donna un petit coup de coude dans la porte, entra dans la pièce et s'arrêta net, le canon d'un *Holland and Holland* pointé directement sur le visage.

— Oh, c'est vous, dit Patricia Merton en baissant son arme. Vous en avez mis du temps.

Curtis la dévisagea puis il observa les deux autres personnes présentes dans la pièce : Wesley, le domestique, agenouillé et face au mur, les mains liées dans le dos, et Fenella Carruth. Elle tenait un revolver Colt parfaitement adapté aux dames. Elle savait incontestablement tirer. Il resta bouche bée tandis qu'elle le gratifiait d'un sourire étincelant.

À côté de lui, Daniel fit un bruit étranglé et désigna le bureau secret. On pouvait voir des papiers et des photographies éparpillés par terre.

— Était-ce ce que vous cherchiez ? demanda Pat en secouant la tête. Tout est là, si c'est ce que vous vous demandiez.

Daniel fila vers la pièce.

— Comment est-ce possible ? l'interrogea Curtis.

— Nous les avons entendus parler.

— Comploter serait plus juste, intervint Fen avec délectation.

— Il y avait beaucoup de vacarme et de cris étouffés ce matin. On aurait dit que quelque chose avait mal tourné. Alors, quand les Armstrong sont partis, nous nous sommes dit que nous allions jeter un coup d'œil. Ce cher Wesley et cet atroce Mr Lambdon étaient en train d'allumer un feu près de piles de papiers et de photographies. Je me suis rendu compte qu'il s'agissait probablement de ce dont vous m'aviez parlé. Je me suis dit « Je doute qu'Archie veuille que ces preuves soient détruites avant l'arrivée de ses amis ». Donc nous leur avons demandé d'arrêter.

— Nous leur avons demandé très gentiment, ajouta Fen en tapotant son arme.

— Ont-ils eu le temps de brûler quelque chose ?

— Non, ils commençaient tout juste à allumer leur feu. Tout est là. Enfin, presque tout. Fen, ma chère ?

Fen se retourna et sortit quelque chose de son corset. Elle s'approcha et tendit une enveloppe à Curtis.

— Vous devriez récupérer ces documents. Nous les aurions brûlés s'il y avait eu assez de flammes.

Curtis sortit le contenu et jeta un coup d'œil à la première photo. Daniel et lui. Il détourna le regard de cette image explicite et remit le tout dans l'enveloppe, ne sachant quoi dire à Fen.

Elle leva les yeux vers lui. Elle resta sérieuse quelques secondes puis se mit sur la pointe des pieds et lui planta un baiser sur la joue.

— Vous n'avez pas à vous inquiéter, Archie. Je sais que c'est plus compliqué pour vous, bien sûr mais... il est surprenant de voir ce qu'on arrive à cacher en société. On a toujours peur que les gens remarquent quelque chose, mais c'est rarement le cas. Ne l'avons-nous pas découvert nous-mêmes, Pat ?

Celle-ci leva les yeux au ciel et lança un regard exaspéré à son amie. Curtis les observa, l'une après l'autre, comprenant peu à peu ce qu'elle insinuait.

Une lueur malicieuse brillait dans les yeux de Fen. Elle se pencha pour chuchoter :

— J'admire vos goûts. J'ai toujours dit que Mr Da Silva était terriblement beau.

— Fenella Carruth ! Laissez ce pauvre homme tranquille.

— Archie, est-ce que vous tenez ce que je crois entre vos mains ? demanda Daniel depuis le bureau.

— Remerciez ces dames, répondit simplement Curtis.

Daniel le fixa pendant une seconde puis, d'un air mélodramatique, il s'agenouilla et écarta les bras.

— Miss Merton. Miss Carruth. Épousez-moi. L'une ou l'autre, peu m'importe.

— Quelle offre épouvantable, dit Pat.

Fen éclata de rire puis son amie ajouta :

— Et levez-vous, petite créature absurde. J'entends des voitures dans l'allée.

Curtis fermait sa valise. La maison était en plein chaos, il avait dû la préparer lui-même. De toute façon, il n'aurait pas voulu qu'un domestique voie ses vêtements tachés de sang, sans parler des horribles clichés. Ils étaient rangés en sécurité au fond de son sac Gladstone, prêts à être brûlés quand il en aurait l'occasion. Il n'allait pas les quitter des yeux.

Il avait posé un tableau par-dessus le miroir et le trou dans le mur. Il se demandait si un jour, il aurait de nouveau confiance devant une glace.

Huit hommes de Vaizey étaient arrivés aux côtés de

son oncle redoutable. Ils étaient tous armés et avaient entraîné Daniel dans leur fourmillement d'activité dont les non-initiés étaient exclus. Les corps des Armstrong avaient été récupérés. March et Wesley avaient conservé un silence obstiné. Ils n'avaient pas essayé de monter de contre-accusations envers Curtis et Daniel. Ils avaient fait ce que leur maître leur avait demandé et ne savaient rien d'autre.

Les Grayling étaient partis précipitamment, choqués et perplexes. Lambdon aurait besoin de soins médicaux pour sa fracture au crâne. Apparemment, Fen avait donné à sa femme quelques photos explicites à la suite de quoi la terne Mrs Lambdon avait assommé son mari avec une lampe.

Quelqu'un frappa doucement à la porte. Curtis n'avait entendu personne dans le couloir et son cœur s'accéléra lorsqu'il comprit de qui il s'agissait.

— Entrez.

Aussi silencieux que d'habitude, Daniel se faufila à l'intérieur et referma derrière lui. Il s'était lavé, rasé et changé. Il avait l'air à la fois présentable, exténué et élégant.

— Vous avez retrouvé votre valise ? demanda Curtis.

— Oui, ils avaient mis mes affaires dans le couloir de service. Merci mon Dieu. Me payer une nouvelle garde-robe aurait été une dépense bien malvenue.

Daniel lui lança un regard de côté et détourna rapidement les yeux.

— Daniel…

— Vous devriez vous en sortir, enchaîna-t-il rapidement. Toutes les accusations ressembleront à de la pure méchanceté et je ne pense pas que l'un d'entre eux va admettre qu'il en sait plus qu'il ne devrait. La responsabilité de cette affaire retombe sur nos chers hôtes décédés, ce qui n'est que justice. Gardez la tête froide et vous garderez le reste.

Il hésita une seconde avant d'ajouter :

— Vous avez retrouvé votre vie. J'en suis ravi.

— C'est uniquement grâce à vous. Vous m'avez sauvé, Daniel.

— Je suis quasiment certain que c'est l'inverse.

— Alors, nous nous sommes sauvés mutuellement. Avez-vous un peu de temps ?

— Dix minutes, répondit-il en le gratifiant d'un sourire maussade. C'est assez pour se dire au revoir.

Curtis effleura ses lèvres de son pouce et fronça les sourcils lorsque Daniel tourna la tête.

— Je ne veux pas dire au revoir.

— Vous le ferez, pourtant. Quand vous serez de retour à Londres, de retour dans votre monde. Vous savez que j'ai raison. Je préfère que nous nous quittions maintenant en amis avant que vous vous sentiez embarrassé à l'idée d'être vu avec moi ou avant de vous regarder me dire que c'est fini. Je préfère que nous en restions là, pendant que je le peux encore.

— Quoi ? Non. Vous m'aviez promis. Je vous ai fait une promesse en retour. Deux semaines et tout ce qui va avec. Du diable si je vous laisse revenir là-dessus.

Daniel s'adossa contre le mur.

— J'aimerais que vous m'écoutiez. Ça ne va pas fonctionner.

— C'est ce que vous aviez dit ce matin pour les photographies.

— Oui. Et à votre avis, à combien de miracles avons-nous droit ?

— De quoi avez-vous peur ? demanda Curtis.

— Peur ?

Sa bouche se tordit.

— J'ai peur de vous faire du mal, idiot. J'ai peur qu'à cause de moi, vous soyez blessé. Vous n'avez aucune idée de ce qu'on subit lorsqu'on se moque de vous pour ce que vous êtes. Vous ne savez pas ce que c'est quand les gens coupent les ponts, qu'ils vous regardent avec mépris, ou que votre famille et vos amis vous tournent le dos. Vous ne

savez pas ce que c'est et je ne veux pas que vous l'appre-
niez. Bon sang, j'ai vu votre tête quand vous avez cru que
votre oncle recevrait ces satanées photos !

— Daniel...

— Non. Je ne peux pas vous faire ça. Vous voir comme
ça, par ma faute... Je ne le supporterais pas.

Curtis prit la tête de son compagnon entre les mains et
sentit sa peau douce, tout juste rasée, contre sa paume.

— Assez parlé de moi. De quoi avez-vous peur ?

Daniel ferma les yeux. Il dit, tout doucement :

— Je ne veux pas souffrir non plus. Je crois bien que je
n'ai jamais rencontré quelqu'un susceptible de me blesser
autant que vous.

— Je n'ai pas l'intention de vous blesser.

— Je sais bien que vous n'en avez pas l'intention.

Il prit une grande inspiration avant d'ajouter :

— Mais je pense que vous le ferez.

— Non. Daniel...

— C'est facile de se faire emporter par le courant quand
un homme vous fait ce genre de gâteries.

Ce petit accent mordant était de retour dans la voix de
Daniel.

— Mais je vous assure que l'attrait d'une relation dispa-
raîtra quand les messes basses commenceront.

Curtis prit le menton de Daniel entre ses doigts et
l'obligea à lever la tête.

— Regardez-moi. Je ne suis pas ce salaud de Cambridge.
J'ai dix ans de plus...

— Et vous avez moins d'expérience que lui à ce
moment-là.

— Je n'ai jamais eu d'expérience semblable, d'accord.
Mais j'ai déjà fait face à des choses beaucoup plus dange-
reuses qu'une accusation d'outrage à la pudeur.

— Le danger, dit Daniel d'une voix acerbe. Vous êtes
riche, vous êtes le neveu de Sir Maurice Vaizey, vous
n'irez pas en prison à moins de vous taper le Chancelier

de l'Échiquier[23] sur le Woolsack[24]. Nous savons tous les deux que vous pourriez vous extirper de ce genre de situation. Moi, je vous parle des ragots, des ricanements, du dédain, des conversations désagréables avec vos oncles et des regards en biais. Bon Dieu, vous ne voulez pas comprendre ? Si seulement vous pouviez ne serait-ce qu'imaginer ce dans quoi vous vous engagez allègrement, vous me remercieriez de vous sauver avant que nous en soyons tous les deux blessés.

— Eh bien, je ne l'imagine pas, donc je ne vous remercie pas. Je vous l'ai déjà dit, je ne me cacherai pas derrière vous. J'ai mon mot à dire dans cette histoire.

— Oui. Moi aussi. Et je vous dis que c'est fini.

Le visage de Daniel était vraiment très pâle.

— Ne me rendez pas visite, je ne veux pas vous voir, ajouta-t-il. Je ne serai pas l'instrument qui vous mènera à votre perte et vous ne m'en voudrez pas. C'est la fin. Ne me regardez pas comme ça.

— Vous aviez promis.

Un horrible sentiment de vide se développait dans la poitrine de Curtis. Cet homme pensait ce qu'il disait et il n'arriverait pas à le convaincre du contraire.

— Vous m'avez donné votre parole, tenta-t-il à nouveau.

— Je ne suis qu'un métèque. Vous ne pouvez pas me faire confiance.

— Archie ! appela une voix de stentor depuis le couloir.

C'était Sir Maurice, son oncle.

— Nom de Dieu, Daniel…

Ce dernier s'éloignait déjà en regardant par la fenêtre.

— Archie !

— Je suis là, répondit Curtis tant bien que mal.

Sir Maurice Vaizey entra dans la pièce avec fracas. Son regard passait de son agent à son neveu et ses sourcils épais étaient froncés, comme d'habitude.

---

23   Ministre chargé des finances et du trésor au Royaume-Uni.
24   Banc du chancelier à la Chambre des Lords.

— Da Silva ? Je pensais que vous vous reposiez. Pourquoi diable vous prélassez-vous ici ?

— Je me sens comme revigoré, répondit Daniel en haussant un sourcil en direction de son chef. Votre charmant neveu et moi avons eu un délicieux tête-à-tête.

Étonnamment, il avait adopté ses manières les plus efféminées et sa voix la plus traînante. Curtis jeta un coup d'œil à son oncle avec appréhension, attendant l'explosion, mais Sir Maurice resta impassible.

— Arrêtez de faire l'idiot. Que faisiez-vous ?

— Nous parlions du rapport du médecin légiste, cher monsieur. J'ai pensé que nous devions accorder nos versions concernant ce pauvre James.

— Vous ne témoignerez pas. Tout jury qui se respecte vous pendrait sur-le-champ et je ne pourrais pas lui en vouloir. Allez, sortez, rendez-vous utile si vous en êtes capable. J'ai besoin de parler à Archie.

— J'en serais ravi. Monsieur. Curtis.

Daniel sortit sans regarder derrière lui et en roulant ostensiblement des hanches.

— Foutue tapette, s'exclama Sir Maurice avec un étonnant manque de conviction. On aurait du mal à croire qu'il est l'un de mes meilleurs hommes. Enfin, moi-même, j'ai du mal à le croire quand je vois tout le bazar qu'il a mis ici.

— C'est de ma faute, monsieur. Je me suis mis en travers de son chemin.

— Oui, c'est vrai. Mon garçon, pourquoi ne m'as-tu pas dit ce que tu comptais faire avant de te lancer dans cette affaire comme un loup solitaire ?

— Lafayette m'a dit qu'il était déjà venu vous voir et que vous ne l'aviez pas cru.

— En effet, grogna Sir Maurice. J'ai été stupide. Bien, maintenant nous avons trois cadavres. Ou quatre. Le corps de Mr Holt est-il susceptible de refaire surface ?

— Non, répondit Curtis en fermant sa valise.

— Bien. Trois cadavres et un bureau rempli de preuves

de tromperie, de sodomie et d'adultère. Archie, tu devras rester discret sur cette histoire.

— Bon sang, comme si vous aviez besoin de me le rappeler.

Sir Maurice acquiesça.

— Tu devras répondre aux questions du médecin légiste à propos de James Armstrong. On ne peut pas laisser des accusations peser sur toi. Je vais mettre Da Silva à l'écart de tout ça et nous mettrons sur pied une histoire qui ne l'implique pas.

— Il serait parfaitement capable de faire bonne impression au jury. Vous devez certainement savoir qu'il simule ce maniérisme exagéré.

Son oncle lui lança un regard qui mêlait une bonne dose d'affection et pas mal d'agacement.

— Pas besoin d'être galant, mon garçon, il n'est pas une femme. J'ai besoin qu'il reste en dehors de ça parce que j'ai d'autres missions à lui confier et je ne veux pas que son nom s'ébruite dans cette affaire.

— D'autres missions ? Mon Dieu, il a failli être tué il y a deux jours…

— C'est son travail. Le tien, à ce moment précis, est de me dire tout ce que tu sais. Maintenant, écoute-moi attentivement.

Le compte rendu de Sir Maurice était si complet que c'en était fou. Ses instructions pour gérer l'inévitable enquête étaient si détaillées que Curtis était tenté de plaider coupable et de demander à se faire incarcérer. Il resta enfermé avec son oncle pendant quatre heures. Quand il sortit enfin, il apprit que Daniel était parti pour Londres. Il ne lui avait laissé aucun mot.

Chapitre Seize

Il rentra à Londres onze jours plus tard.

L'enquête s'était déroulée relativement sans accrocs. Miss Carruth, Miss Merton et lui avaient attesté que James Armstrong était ivre et bouleversé par le départ de son ami. Le témoignage de Curtis, que personne ne contesta, affirmait que James avait vidé son chargeur sur le pavillon de jardin avant de tirer sur sa belle-mère. Curtis lui avait ensuite tiré dessus mais il était trop tard, le meurtre avait été commis. Puis Sir Hubert avait retourné l'arme contre lui-même. March n'était mentionné nulle part dans le compte rendu ou dans l'enquête.

Les Grayling restèrent muets et tristes. Ils ne furent pas appelés. Les Lambdon brillèrent par leur absence. D'après ce qu'on savait, le mari ne s'était pas remis de sa blessure à la tête et la femme se faisait soigner dans un sanatorium.

Daniel Da Silva fut à peine mentionné et décrit comme un invité qui avait quitté la maison bien avant ces terribles événements. L'effondrement psychologique de James avait été relié au départ soudain de son ami, Mr Holt, mais au grand dam du médecin légiste qui en devenait grincheux, le corps de ce dernier restait introuvable.

La question de savoir pourquoi Curtis était parti se promener de bon matin avec une arme chargée était épineuse mais Vaizey l'avait bien briefé. Il leva la main droite et expliqua qu'il essayait de s'habituer à son handicap. Si quelqu'un pensa que s'entraîner en pleine nature était dangereux et excentrique pour un homme ne possédant qu'une seule main, cela ne valait rien comparé au respect ressenti naturellement pour un héros de guerre. Le médecin légiste parla d'ailleurs de lui en des termes élogieux. Tout ceci était vraiment embarrassant.

Le pire restait à venir. Vaizey avait laissé Curtis en compagnie d'un agent nommé Cannon qui lui expliqua qu'il ne pouvait rentrer à Londres avant neuf jours, jusqu'à ce que les interrogations autour des meurtres et du suicide des membres d'une famille riche se calment. Puis il l'interrogea sur tout ce dont il pouvait se rappeler sur Holt, les Armstrong, Lambdon et tout le reste. Cannon l'informa d'un ton acerbe qu'il avait Holt à l'œil depuis quelque temps et qu'avec la mort de cet homme, ils avaient perdu leur meilleure chance de découvrir l'ampleur du chantage et les réseaux par lesquels les informations circulaient jusqu'au continent. Il alla même jusqu'à dire que Curtis aurait bien mieux servi son pays s'il avait laissé Holt vivre et Daniel mourir. À ce moment-là, Curtis arrêta de coopérer et commença à exprimer vivement son désir de rentrer chez lui dans les plus brefs délais.

Onze jours. Si Daniel avait tenu sa promesse, Curtis aurait compté les jours en attendant de revoir son amant.

Il n'avait pas arrêté d'y penser pendant ses longues promenades et ses nuits de colère et de solitude. Il avait réfléchi à sa possible déchéance sociale, à la déception de ses oncles et à ce qu'il ferait du reste de sa vie. Il avait songé à Daniel qui n'avait pas abandonné Sir Maurice et qui avait préféré s'éloigner de lui.

Il était maintenant de retour à Londres, enfin. Il faisait face à son oncle, assis à la table d'une petite pièce mal aérée dans un bâtiment quelconque.

— Visiblement, tout s'est bien passé, dit Sir Maurice. Jusqu'à maintenant, il n'y a pas eu de répercussions. Il y a eu un peu d'agitation ici et là, mais rien de plus que ce que nous attendions. As-tu entendu parler du testament d'Armstrong ?

— Oui.

— C'est plutôt un coup de chance…

— Non.

Sir Maurice le regarda pensivement.

— C'est une belle somme, mon garçon. Tu peux difficilement la refuser sans soulever des questions que tu préférerais éviter.

— Je ne prendrai pas cet argent.

Le testament d'Armstrong désignait sa femme et son fils comme les héritiers d'une grande partie de sa fortune. Le reste devait être partagé entre les familles des hommes morts à Jacobsdal et les soldats qui en étaient revenus blessés. Le fait qu'Armstrong avait écrit ça en pensant que distribuer un peu d'argent l'absoudrait partiellement avait mis Curtis dans une telle rage qu'il avait enfoncé son poing dans un mur.

Évidemment, ce n'était plus une petite somme. Puisque sa femme et son fils étaient morts avant lui, les legs de Sir Hubert représentaient toute la fortune restante une fois les dettes payées. C'était de l'argent sale, souillé, mais si les autres mutilés, veuves et orphelins n'en savaient rien, ils l'accepteraient comme une compensation de leur perte. Curtis, lui, en était incapable.

— Ne sois pas si délicat, mon garçon. Tu ne voudrais pas que quelqu'un d'autre soit dégoûté d'accepter cet héritage, n'est-ce pas ?

— Je renonce à ma part. Elle sera redistribuée aux autres. Je suis un homme riche, monsieur. Personne ne se posera de questions.

Sir Maurice soupira avec insistance. Curtis vivait aisément grâce à son oncle qui avait su gérer son héritage depuis l'âge de deux mois, lorsqu'il était devenu orphelin.

— Je fais tout ce que je peux pour que tu réussisses,

Archie. Au moment où tu te décideras à rencontrer une jolie jeune femme et à t'installer, tu me remercieras.

— Je vous suis déjà reconnaissant. Puis-je vous demander si vous m'avez fait appeler pour discuter de ça ?

— Ce n'est pas pour ça, dit-il en s'asseyant au fond de sa chaise et en tapotant sur la table. J'ai un problème et je me demandais si tu pouvais m'aider.

— Avec plaisir. Que se passe-t-il ?

— Je ne m'emballerais pas, si j'étais toi.

Sir Maurice lui sourit amèrement avant de poursuivre :

— J'imagine que tu as compris comment les Armstrong ont su que Da Silva et toi étiez terrés dans cette bâtisse ridicule.

— Da Silva a dit qu'un membre du bureau avait dû parler. Quelqu'un avait dû appeler Peakholme pour donner toutes les informations que je vous avais transmises.

— En effet, dit-il en grimaçant.

On aurait dit que Sir Maurice était en train de manger des groseilles pas mûres.

— Quelqu'un a vendu Da Silva aux ennemis. J'imaginais que le coupable se dénoncerait rapidement mais j'avais tort.

— Vous ne savez pas qui a parlé ? répéta Curtis, incrédule.

— Non.

— Vous savez que nous aurions pu nous faire tuer ?

Curtis devait lutter pour garder son calme face à son oncle si impassible.

— Si je ne savais pas tirer de la main gauche et que Da Silva n'était pas doté d'une telle présence d'esprit…

— J'en ai bien conscience. Je ne sais pas qui était cette personne.

— Je pense que vous devriez le découvrir avant de renvoyer Da Silva sur ses prochaines missions, non ?

Curtis se rendit compte qu'il s'était à moitié levé de sa

chaise et que Sir Maurice le regardait d'un air interrogateur. Il se rassit et sourit tant bien que mal.

— Cette question me tient particulièrement à cœur, monsieur. J'ai tué deux personnes pour le sauver. Je n'aimerais pas que ces deux meurtres n'aient servi à rien.

— Curieusement, moi non plus.

Sir Maurice tapotait ses doigts les uns contre les autres.

— Mon problème avec Da Silva est double. C'est une langue de vipère et un lâche.

— C'est complètement faux !

Curtis avait presque crié et il s'en fichait.

— Bon sang, comment pouvez-vous rester assis derrière un bureau et dire ça ? Il s'est avancé vers trois hommes qui le tenaient en joue alors qu'il n'était même pas armé et…

— Oui, il n'était pas armé, répéta son oncle. Il ne veut pas apprendre à tirer, sans parler du fait de porter un couteau sur lui. Je ne suis même pas sûr qu'il ait déjà levé son poing par pure colère. Il a peut-être beaucoup de culot mais c'est un lâche. La plupart des gens comme lui le sont, je crois.

Curtis ne savait pas si « les gens comme lui » désignait la race, les opinions politiques ou les préférences sexuelles, et encore une fois, il s'en fichait. Il aimait beaucoup son oncle mais à ce moment-là, il aurait pu lui dire d'aller en enfer.

— Il y a différentes formes de courage, monsieur. Et si vous avez un meilleur homme dans votre agence, alors j'aimerais le rencontrer.

Sir Maurice fit un signe de main pour éluder la question.

— Le problème, c'est qu'il ne sait pas faire attention. Je ne peux pas envoyer quelqu'un pour le surveiller et ce n'est pas seulement parce que je ne fais confiance à aucun autre agent de mon département. J'ai déjà essayé à trois reprises de mettre Da Silva en binôme et personne ne peut supporter cet homme.

Il jeta un regard en coin à son neveu.

— Enfin, visiblement, toi tu le peux.

— J'ai la peau dure.

— Et tu es de nature gentille, dit-il en le gratifiant d'un de ses rares sourires sincères. Tu me rappelles ta mère par moments. Elle aussi avait le cœur tendre envers les chiens boiteux.

— Ce n'est pas mon cas, se révolta Curtis.

Sir Maurice se pencha en avant.

— Nous savons tous les deux que tu dois faire quelque chose de ta vie, Archie. J'ai besoin de quelqu'un en qui j'ai confiance. Da Silva a besoin de quelqu'un pour surveiller ses arrières. J'ai déjà travaillé avec lui et cela peut se révéler dangereux. Je dirais même que je ne devrais pas te demander une telle chose et tu as d'ailleurs le droit de refuser si tu ne penses pas pouvoir supporter cet homme plus longtemps. Mais j'aimerais t'offrir un travail.

Curtis quitta le bureau de son oncle quelques heures plus tard. Dans sa main, il tenait un papier sur lequel était écrite l'adresse de Daniel.

Tout en prenant le bus en direction de Holborn, il se dit que s'y rendre directement était le comble de la bêtise. Il devrait d'abord écrire une lettre et bloquer une date. Il devrait lui donner une chance de refuser.

Da Silva s'était montré très clair à Peakholme et sa visite ne serait pas la bienvenue. Curtis y songea, tout en descendant à l'arrêt du British Museum et en progressant devant les bâtiments élégants mais délabrés du quartier de Bloomsbury. Daniel était quelqu'un de fier et restait excessivement sur ses gardes. Curtis ne devrait pas s'inviter de la sorte.

Et s'il était en train de s'amuser avec quelqu'un d'autre ? Cette pensée lui était désagréable mais il devait faire face à cette possibilité. D'ailleurs, pourquoi Daniel n'aurait-il pas un ou plusieurs amants à Londres ?

Il se fraya un chemin dans les longues rues bordées de maisons en briques grises, esquivant les landaus et les vendeurs de fleurs tout en continuant à réfléchir. Il avait l'esprit clair à ce sujet. Après ces onze nuits interminables et sans sommeil, se rappelant chaque minute de ces précieuses heures dans le pavillon de jardin pour éviter de les oublier, il n'avait aucun doute sur ce qu'il voulait. En revanche, ce que Daniel ressentait, ce qu'il souhaitait, il l'ignorait. Avait-il repoussé Curtis pour se protéger ou n'avait-il tout simplement pas besoin d'un idiot inexpérimenté ? Partageait-il avec lui cette sensation d'un lien entre eux, bien plus que physique et mental ?

Curtis n'en savait rien et il continuait d'y réfléchir en sonnant la cloche de la petite pension de famille. Il s'était montré complètement idiot en y allant ainsi tête baissée. N'importe quel type sensé gérerait cette situation avec discrétion, considération et tact. Il n'irait pas frapper directement à la porte de l'intéressé.

La logeuse l'emmena jusqu'au palier du premier étage et lui montra une porte. Il frappa. Il entendit un bruit étouffé à l'intérieur et se dit que c'était certainement un juron. La porte s'ouvrit brusquement et Daniel se tint devant lui.

Il était en bras de chemise et portait un gilet dont les manches avaient été relevées. Ses cheveux en bataille retombaient sur son front, comme si quelqu'un venait tout juste de tirer dessus. Il avait de l'encre sur les doigts et portait des lunettes à monture métallique. Curtis était captivé par ces dernières.

Daniel cligna deux fois des yeux puis les enleva.

— Curtis.

Il recula pour le laisser entrer et repoussa fermement la logeuse.

— Que diable voulez-vous ?

— Je veux vous voir.

— Je vous l'ai déjà dit. C'est non.

Daniel posa ses lunettes de lecture sur le bureau, ou

plutôt la petite table sur laquelle était posé tout un tas de papiers. Les feuilles du dessus étaient remplies de l'écriture cursive de Daniel. On distinguait de petites lignes raturées sur lesquelles venaient s'ajouter des annotations.

— Vous écrivez un poème ? demanda Curtis, fasciné.

Daniel retourna brusquement la feuille mais il y avait également des écritures au dos. Il siffla, agacé, et posa violemment un journal au-dessus de la pile.

— Je me fiche de vos observations.

Curtis parcourut la pièce des yeux. C'était un endroit humble, plutôt exigu et avec des meubles vieillots. Un feu brûlait dans le petit âtre et le seau à charbon était presque vide.

— Puis-je vous aider ? demanda Daniel, hargneux.

Il appuya ses épaules contre le mur et croisa les bras sur sa poitrine.

— Étant donné que je vous ai dit ne pas vouloir de vos visites…

— C'est une visite professionnelle.

— Ah oui ? Ai-je envahi un autre pays ?

— Je parle de votre métier, à vous, clarifia Curtis. Et je ne parle pas de poésie.

— Oui, j'avais compris, merci bien. Eh bien, qu'y a-t-il ?

Daniel n'était clairement pas de bonne humeur. Pas la peine de tourner autour du pot.

— Je pensais qu'il était important de vous faire savoir que nous allions travailler ensemble.

Une fissure ébranla son calme apparent. L'homme le regarda, sidéré.

— Nous… quoi ?

— Nous allons travailler ensemble. Mon oncle me l'a demandé. Au cas où vous vous retrouviez au milieu d'une bagarre.

Le visage de Daniel semblait montrer qu'une altercation était justement imminente.

— Je n'ai pas besoin d'une gouvernante, dit-il en serrant

les dents. Je ne veux pas de partenaire. Je n'en ai jamais voulu.

— Non, mon oncle m'a dit que vous aviez déjà chassé trois hommes avec votre langue de vipère.

— En effet. Curieusement, si un homme me fait la faveur de partager ses opinions sur les sodomites et les Juifs, nous ne faisons qu'échanger notre point de vue de façon civilisée. Alors que si je donne mon avis sur son intelligence et ses prouesses physiques, alors là, je suis une langue de vipère.

— J'aime votre langue.

Daniel haussa les sourcils dans un mouvement qui n'était pas calculé. Il retrouva son calme.

— Dire cela est bien audacieux de votre part.

— Pas vraiment.

Curtis avança d'un pas.

— Je sais que vous n'avez pas besoin d'une gouvernante. Mais mon oncle vient de me donner une raison de rester près de vous. Si vous le voulez bien.

Daniel ne clignait pas des yeux.

— Une raison que seul votre oncle connaîtra. En attendant, les messes basses vont commencer.

— Il m'a prévenu que les gens spéculeraient s'ils me voyaient forger une amitié avec vous. Je lui ai dit que je m'en fichais. Et c'est la vérité.

Daniel lui lança un regard sceptique.

— Je m'en moque. Il m'a donné une raison qui le contentera ainsi que Sir Henry. Si je n'ai pas à me soucier de mes oncles, le reste du monde m'importe peu.

— C'est ce que vous dites maintenant.

— Vous ne vous cachez pas. Vous pourriez changer, vous habiller de façon conventionnelle, parler comme… un officier si vous le vouliez. Vous ne faites pas semblant à longueur de journée. Pourquoi insistez-vous pour que moi, je le fasse ?

— Vous faites semblant depuis trente ans.

— J'en ai assez. Dans tous les cas, je serais venu ici. Sir Maurice m'a juste facilité les choses. Daniel, je veux être avec vous. Si je ne le peux pas...

Il fixait les yeux noirs du poète, espérant lui faire comprendre.

— Je ne peux pas recommencer à faire semblant pour autant. J'ai passé toute ma vie dans cette... obscurité, comme si j'étais plongé dans l'un de vos fichus viviers. Avec de l'eau noire tout autour de moi. Je ne replongerai pas la tête.

Daniel écarquilla les yeux puis tourna la tête.

— Non, la poésie n'est vraiment pas votre truc, dit-il d'une voix mordante. Je vous suggère de me laisser gérer les métaphores.

Son ton le blessa presque physiquement. Curtis le fixa et comprit soudain qu'il en avait assez de parler, il en avait assez d'essayer de faire tomber ses défenses avec des armes qu'il ne savait pas utiliser.

— Vous avez raison. Je ne suis pas un poète. Réglons ça à la manière militaire.

— Que...?

Il laissa échapper un cri étouffé lorsque Curtis le secoua brusquement, immobilisant son bras gauche contre sa taille et attrapant fermement son autre poignet. Il se pencha contre lui, utilisant ses quatre-vingt-quinze kilos de muscles pour le presser contre le mur.

— Que diable faites-vous ? demanda son compagnon en le regardant.

— Je ferme votre satanée bouche, dit Curtis en l'embrassant aussi férocement qu'il le pouvait.

Collé contre ses lèvres, Daniel était outragé et essayait sincèrement de se défendre, en vain. Curtis était bien plus fort et avait maîtrisé bon nombre d'hommes. Certes, il ne les embrassait pas en même temps. Il repoussa les tentatives de libération de sa victime et força ses lèvres à rester sur celles qui bougeaient, prononçant sûrement des jurons. Les tremblements de Daniel faisaient se cogner leurs hanches et Curtis s'appuya délibérément plus fort. Leurs corps étaient scellés. Daniel se retourna violemment pour dégager sa bouche.

— Saleté de Viking !

— Mamba noir.

— Pardon ?

— C'est un genre de serpent. Noir, beau et avec un caractère de cochon.

— Salaud.

Daniel fit un mouvement brusque dans sa direction. Leurs bouches se retrouvèrent violemment, affamées. Curtis ne retint pas sa force et sentit la réponse brutale de son compagnon lorsqu'il enfonça ses dents dans ses lèvres. Il percevait l'excitation de Daniel pressée contre sa cuisse. Ses mouvements n'étaient plus destinés à regagner sa liberté mais à frotter son corps contre celui de Curtis. Ce dernier eut brusquement l'envie de le faire tomber sur le lit et de lui faire des choses qui le feraient crier et briseraient ses défenses pour de bon. Il n'était qu'un novice mais il était déterminé à trouver ce qu'il fallait faire.

Il donna un coup de reins et repoussa fermement Daniel contre le mur avant de savourer le murmure incrédule qui venait s'écraser sur ses lèvres.

— Pause, dit Daniel en tournant la tête pour respirer. Pause. D'accord. Qu'est-ce que ça prouve ? Que vous êtes plus grand que moi ?

— Que vous me désirez. Ce n'est pas fini.

Curtis relâcha sa prise et recula pour regarder ses lèvres foncées et ses yeux noirs insondables. Il y eut un moment de silence pendant lequel ils reprirent leur respiration.

— Ce n'était pas digne d'un gentleman, dit enfin Daniel.

— Je me comporterai comme tel si vous faites de même.

Ils se regardaient, leurs poitrines se soulevant au rythme de leurs inspirations. Une mèche des cheveux de Daniel lui retomba sur les yeux. Curtis la repoussa, ses doigts effleurant la peau de son amant, et il sentit plus qu'il ne vit le rapprochement de son compagnon.

Plus doucement, il dit :

— Je pensais ce que j'ai dit. Je suis heureux de ce qui s'est passé entre nous.

— S'il vous plaît, ne faites pas comme si je vous avais accordé une faveur.

— Pourtant, vous l'avez fait, vous ne vous rendez pas compte de ce que vous m'avez donné. Écoutez, Daniel, je vous veux. Je n'ai jamais voulu quelqu'un autant que vous et je n'imagine pas que ça puisse arriver un jour. Je veux toutes ces choses repoussantes dont vous m'avez parlé et ces idioties modernes que vous débitez. Mais si vous voulez sincèrement que nous ne continuions pas comme avant, je l'accepterai. Je n'aurai pas le choix. Je dis simplement que si vous voulez me rejeter, faites-le pour votre bien et non le mien. Moi non plus, je n'ai pas besoin d'une nourrice.

Un silence complet s'éternisa.

Daniel posa le dos de ses mains tremblantes sur ses yeux.

— Je ne veux pas que vous travailliez avec moi. Absolument pas. Je ne veux pas être infantilisé et vous mettriez vos pieds gigantesques partout.

Curtis mit une seconde à interpréter ces paroles et sentit poindre la joie.

— Bien.

— Et ce n'est pas de ma faute. Si vous voulez épicer votre vie, je ne peux pas vous en empêcher.

— Non.

Curtis ne pouvait s'empêcher de sourire.

— Vous êtes toujours si difficile ? demanda-t-il.

— Oui.

— Rendrez-vous les choses plus simples pour moi ?

— J'en doute.

Curtis posa gentiment un doigt sous le menton de Daniel et l'inclina pour que leurs regards se croisent.

— Puis-je vous embrasser ?

— Vous venez juste de le faire.

— Oui. Puis-je ?

— Oh, bon sang.

Daniel saisit toute une poignée des cheveux de son compagnon et attira sa tête vers lui pour que leurs lèvres se rencontrent. Curtis grogna et enroula ses bras autour de cet homme mince qui se colla à lui. Il le serra plus fort et sentit un souffle contre ses lèvres. Il ne pensait plus à rien d'autre qu'à embrasser Daniel, à insinuer sa langue dans la bouche de son amant, sentir ses lèvres, ses dents et ses mains sur son corps. Il le dévorait en laissant échapper tout le désespoir qu'il avait dissimulé jusque-là, tout comme le besoin d'avoir Daniel dans les bras qui le brûlait depuis des jours. Il sentit qu'il essayait de dire quelque chose et s'éloigna à contrecœur de ses lèvres.

Il se rendit alors compte qu'il était appuyé sur une commode. Daniel était assis dessus, les jambes enroulées autour des hanches de Curtis et les bras autour de sa taille. Il n'était pas certain de savoir comment ils en étaient arrivés là.

Daniel rejeta la tête en arrière pour regarder son amant dans les yeux.

— Je tiens à souligner que j'ai essayé de vous prévenir. Je ne vous demande aucune promesse et je ne vous en fais aucune.

— Je ne m'attends pas à ce que vous le fassiez, idiot.

— Chut. J'ai vraiment espéré que vous ne viendriez pas.

Il se pencha en avant, posa la tête sur le torse de Curtis et soupira.

— En revanche, j'en ai rêvé.

Son amant lui caressa les cheveux.

— Ce n'est pas la première fois que je viens vous chercher.

La tête de Daniel était lourdement posée sur ses côtes.

— Oh mon Dieu. Archie. Mon Viking. Vous ne savez pas à quel point j'étais dévasté.

— Vous employez de telles tournures de phrases, répondit Curtis d'une voix rauque. Comment peut-on ne pas les aimer ?

Daniel éclata de rire.

— Vous faites les choses à votre façon, n'est-ce pas ?

— Tout comme vous.

Il déposa un baiser sur la masse de cheveux foncés.

— Je ne vous demanderai jamais de faire autrement, ajouta-t-il.

Daniel resserra son étreinte.

— Ce n'est pas pour autant que je compte vous faire prendre des risques. Nous allons rester prudents, d'accord ? Je ne bouleverserai pas complètement votre vie.

— Vous l'avez fait quand vous m'avez serré la main et que vous avez fait une remarque grossière sur les soldats.

— Suggestive. C'était une remarque suggestive.

— Venant de vous, elle était grossière.

L'incorrigible Daniel sourit.

— En parlant de ça...

Il glissa ses mains dans les cheveux de Curtis.

— Je ne savais pas que la vue la plus excitante du monde était celle d'un homme costaud lisant de la poésie. J'aurais pu vous regarder pendant des heures. J'aurais pu me mettre à genoux dans la seconde.

Curtis déglutit. Le sourire de Daniel devenait plus malicieux.

— Je vous ai manqué ?

Il posa ses mains sur la taille de Curtis qui bougea les siennes pour les arrêter.

— Juste une seconde. Travaillerons-nous ensemble ? S'il vous plaît.

Il s'empêcha de dire « Me laisserez-vous vous protéger ? » mais les mots apparaissaient clairement dans son esprit.

Daniel grimaça.

— Voulez-vous sincèrement travailler avec votre oncle ?

— Je veux travailler avec vous.

Il se pencha pour embrasser son oreille.

— Dites oui.

— Nous allons faire un essai. Aucune obligation.

— Bien sûr, répondit Curtis en luttant contre le sourire qui commençait à étirer ses lèvres.

— Et ne déclenchez plus d'alarme. Mes nerfs ne le supporteraient pas.

— Désolé.

— Et si nous nous retrouvons à nouveau dans cette situation, c'est vous qui me ferez une gâterie.

— D'accord. Devons-nous attendre jusque-là ?

— Eh bien, je suppose que vous devez vous entraîner.

Le sourire mystérieux de Daniel se dessina sur son visage et à ce moment-là, Curtis comprit que c'était lui le sujet de sa taquinerie.

— Regardez et apprenez, mon cher.

Il le repoussa gentiment pour avoir plus d'espace et s'agenouilla élégamment.

— Regardez et apprenez.

Remerciements

Le personnage de Sir Henry Curtis ainsi que la région de Kukuana sont inspirés par le grand classique de H.Rider Haggard, *Les Mines du roi Salomon*, écrit en 1885. Je me suis permis d'ajouter Archie à l'arbre généalogique des Curtis qui, selon moi, peut supporter cette réorganisation.

Je remercie les membres de TFR pour leurs conseils sur les armes à feu et Alexandra Sherriff pour ses connaissances très poussées en psychologie.

À propos de l'auteure

K.J. Charles vit à Londres avec son mari, ses enfants et ses chats. Elle est éditrice de métier et écrivaine par passion. Elle parle de ces deux sujets sur son blog kjcharles. wordpress.com

Suivez-la sur Twitter : @kj_charles.

Imprimé en France
FRHW011419311022
32591FR00005B/43

9 782375 743515